红星闪闪照我心 托起我的中国梦

(中学版)

《托起我的中国梦》编写组

南京大学出版社

目 录

第一篇　强军兴军篇

第一章　钢铁长城　忠诚卫士 …………………………………… 3
1. 保卫疆土　国家安全扛肩上 …………………………………… 3
2. 迈向深蓝　大海就是我的家 …………………………………… 13
3. 战机翱翔　祖国蓝天好卫士 …………………………………… 22
4. 东风冲天　火箭部队撼河山 …………………………………… 30
5. 创新进取　空间技术惊天下 …………………………………… 37
6. 打击邪恶　正义宝剑敌胆寒 …………………………………… 43
7. 抢险救灾　不负人民养育情 …………………………………… 52
8. 走出国门　奋战维和第一线 …………………………………… 60

第二章　听党指挥　军魂永驻 …………………………………… 66
1. 强军兴军　人民军队忠于党 …………………………………… 66
2. 纪律严明　责任使命记心间 …………………………………… 76
3. 铁血柔情　当代最可爱的人 …………………………………… 85
4. 继往开来　时代旗帜永飘扬 …………………………………… 99

第二篇　国家富强篇

第一章　美梦成真，震撼全球 …………………………………… 113
1. 加入世贸　推进开放 …………………………………………… 113
2. 北京奥运　无与伦比 …………………………………………… 118
3. 飞天深潜　科技领先 …………………………………………… 122
4. 百花齐放　文化繁荣 …………………………………………… 130

    5. 经济大国　实现腾飞 …………………………………… 135
第二章　明日中国,世界领先 ………………………………… 140
    1. "新四化"　新征途 …………………………………… 140
    2. 全面小康　收入翻番 ………………………………… 145
    3. 现代国家　民富国强 ………………………………… 151

第三篇　民族振兴篇

第一章　东方雄狮,笑傲天下 ………………………………… 159
    1. 港澳回归　百年梦圆 ………………………………… 159
    2. 民族团结　共享进步 ………………………………… 165
    3. 中华文化　走向世界 ………………………………… 170
第二章　未来,属于中华民族 ………………………………… 176
    1. 祖国统一　两岸共赢 ………………………………… 176
    2. 昂首挺胸　与世界共舞 ……………………………… 182

第一篇

强军兴军篇

第一章
钢铁长城　忠诚卫士

1. 保卫疆土　国家安全扛肩上

> 努力建设一支强大的现代化新型陆军,是实现中国梦、强军梦的战略要求。
>
> ——习近平

"火力-2016·青铜峡A"军事演习

2016年7月14日,陆军领导机构成立以来的首场跨区演习——"火力-2016·青铜峡A",进入红蓝实兵对抗演练战斗实施阶段。作为演习的重头戏,这次演练努力在真打实抗上下功夫,用接近于实战的演练,查找部队战斗力的短板弱项。

演练全程没有脚本,而是临机导调,红蓝双方自主侦察、自主决策、自主协同、自主保障,不到演习结束,谁也不知道最后结果。

在双方阵地上,不见了成群的火炮,各种兵力都按生存要求稀疏布置,散落在偌大的演兵场上。一方如果觉得时机成熟,可以自主展开打击,另一方如果预测到对方将要进攻,也可自主进行防御。红方使用增编的技侦、电子对抗等新型作战力量,反制干扰蓝方的雷达捕捉;蓝方

整装待发　准备出击

武装直升机紧急出动,扑向红方阵地,红方防空导弹分队立刻出马——谁都想在最后一秒,给予对方致命的一击。

"红蓝双方都充实完善了新力量。对抗既考验'红军',也考验'蓝军'。"军演总指挥说。考"红军",是看能不能适应激烈的战场环境;考"蓝军",是看能不能模拟对手的战术特点——只有把对手摸透,才能扮演活灵活现的"蓝军"。

"知己知彼,才能百战不殆。"军演的胜负不是目的,关键是能在贴近实战中使部队得到锻炼。"

携手沙漠戈壁开展反恐演练

大漠戈壁,寒风刺骨。数日来,一场实战条件下的反恐演练,进一步提升了部队特种作战任务的能力。

沙漠戈壁中的反恐演练

这次演练的背景是:一伙"暴恐分子"实施系列恐怖袭击后,挟持两名人质开始向沙漠戈壁逃窜。由海军某特种作战团和新疆军区某特种作战旅官兵组成的联合反恐小组,对其实施捕歼。一望无际的沙漠戈壁,"海上蛟龙"携手"西域天狼",上演了一场实战条件下的"反恐大片":无人侦察机紧急升空,仔细搜索每一片沙漠,红外成像实时将情况传回指挥所;锁定位置后,联合反恐小组迅速行动,密切配合,成功解救人质,一举围歼"暴恐分子"……

从大海到大漠,不仅仅是地域的跨越。演练中,新疆军区某特种作战旅向海军某特种作战团展示了沙漠戈壁地带火力部署、小组协同、警戒搜索等战法训法。"兄弟单位的实战经验,让我们少走了很多弯路。"海军团长介绍说。通过联合训练,他们对沙漠地带反恐战训法有了深入了解,严寒条件下的特种作战能力也得到了有效提高。

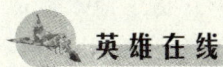

英雄在线

"铁人"班长商贺伟

在刚刚结束的第二十六集团军某旅士官长升级预选考核中,旅属炮兵团反坦克导弹连士官长商贺伟,以综合评定第一名的佳绩,成功入围北部战区陆军士官长升级集训名单。

练兵不怕苦,打仗敢拼命。走上演兵场,商贺伟敢打硬仗恶仗,越是险局危局,越有"铁的战斗力"。

一场实兵对抗演练打响。蓝方机械化装甲群射程大、火力猛,红方两个反坦克导弹班还没来得及架设导弹,就因目

"铁人"班长商贺伟

标暴露被"消灭"。

"你上,给咱们红方争口气!"连长派出商贺伟。

商贺伟带领战士们迅速沿低洼地带潜行到一片小树林,从两翼向蓝方装甲目标展开夹击。

一场激战,蓝方7辆坦克战损,红方13名战士也仅剩商贺伟一人"幸存",成了"孤胆英雄"。他背起几十公斤重的装备,既当射手,又当副射手,先后三次转移阵地,"发射"6枚导弹,"击毁"4辆坦克、两辆步战车,为红方进攻赢得了宝贵战机。

导弹女神范文佳

"导弹女神"范文佳

苍茫戈壁,一场接一场的狂猛风沙,使复杂电磁环境下原本诡谲的实装实弹对抗演习更添了波澜。

"G2目标捕住!"伴随脆亮、沉稳的报告声,下士范文佳运指如飞,不到一秒,三项操作迅即落定。

"遭遇强电磁干扰,目标丢失!"她的眉头尚未舒展,考验又接踵而至。

她的眼睛像雨滴一样透亮,没有丝毫的慌乱。判别干扰种类,追踪干扰源,她以反侦察和反欺骗干扰反制,见招拆招,15秒后,目标再次被她精准捕获,跟踪,锁定。

列装八个月,范文佳和战友驾驭该新型防空导弹首发命中,再次刷新自己新装备实弹发射纪录。

眼前的范文佳,爽利短发,面黑肤糙,但这并不影响她响亮的笑声。她笑得好看,也好听,像流水,文静里的果敢与铿锵,如阳光的颗粒。

年初,连队新列装某新型防空导弹,范文佳再次请缨,要求担任跟踪制导雷达车搜索手。这个岗位,是导弹系统的神经中枢,原理涉及物理、计算机、机械、通信等十余个门类。

一本本枯燥乏味的专业教材,每一本在她手里,都像抓着一把阳光。电路图、流程图、装备架撤、实装操控,每往前进一步,她都像摘到一句诗,听到一段音乐,无比欢喜。

当兵三年,两次请缨驾驭新装备,范文佳从"白玫瑰"变成了"黑玫瑰"。

"当兵让你皮肤糙了,脸蛋黑了,后悔吗?"喜欢诗歌的一位列兵悄悄问她。范文佳用诗一样的语言回答:"我更喜欢草原上怒放的花朵,每一朵都夺目,它们的芬芳属于云朵、蓝天,欢喜在沉默里,也在天高云淡的壮阔里。"

图解:中国东南某海域,第三十一集团军某部开展的多兵种合成登陆演练正紧张进行。武装直升机凌空突击,两栖装甲正面抢滩夺要,特战分队敌后破袭策应,空地一体展开立体打击,完成作战任务。

高原红色哨所

位于青藏高原的查果拉哨所,是我国全军最高、最艰苦的边关哨所,海拔5 370米,被誉为"高原红哨所"。时任中共中央总书记、国家主席、中央军委主席的江泽民,曾亲笔为查果拉哨卡题词:"雪山红旗,永放光芒"。

这里高寒缺氧,含氧气量只有内地的35%,年平均气温在零下10摄氏度以下。官兵们在这里执行珠峰地区的边防保卫工作,并且担负着好几个山口的巡逻执勤任务,每个山口海拔都在5 500米以上,途中要

查果拉哨所

爬雪山、蹚冰河、越险滩。

哨所组建 50 多年来,先后有 10 多名官兵长眠在这里,他们为珠峰自然保护区的安全和生态环境保障作出了无私伟大的奉献。早在 1965 年 10 月,查果拉哨所就被国防部命名为"高原红色边防队"。在那里,有首著名的歌叫《鲜花献给查果拉》:"金色的草原开满鲜花,雪山顶上有个查果拉……查果拉山高风雪大,山上自古无人家……"每个查果拉的兵都会唱,每一代查果拉的兵都会唱,从 20 世纪 60 年代一直唱到今天。

古田走出的英雄连

英雄的红一团

陆军第四十二集团军"红一团"诞生于秋收起义,三湾改编时编为工农革命军第一军一师一团,"红一团"由此得名。古田会议期间,该团为红四军第三纵队。80 多年来,"红一团"先后荣立集体一等功两次。在 1998 年的长江抗洪抢险中,被国家防总、人事部、总政治部联合表彰为"抗洪先进集体"。

战士刘传波履职排长后做的第一件事,便是走进连史馆,在连旗下庄重地敬了个军礼。那一年,刘传波同几名队友一起代表军区参加全军的"军事三项"比武,凭着出色的军事技能,不仅收获手榴弹投掷、400 米障碍两项团体金牌,还将这两个单项的奖牌收入囊中。然而,在庆功会上,他却把所有的成绩归功于连队那厚厚的荣誉史。

翻开该团英模功臣录,像刘传波一样,全团先后涌现的1 152名功臣遍布于每一个普通的战位。作为诞生于秋收起义、亲历古田会议、参加了中国革命武装斗争全过程的英雄集体,"红一团"最大的财富是荣誉,官兵们聊得最多的也是荣誉。正是这铭刻在官兵心中的同一本"家谱",让每名官兵心中都有一面旗帜,点燃了官兵们的激情和勇气。

一直以来,该团坚持利用红军精神端正官兵价值取向,从开展熟悉连队历史、熟悉光荣传统、熟悉著名战例、熟悉英模人物、熟悉使命责任的"五熟悉"活动入手,组织官兵深入了解团队历史、经典战例和英雄故事,从前辈甘洒热血的英雄壮举中感悟和升华思想境界,从品味英雄先烈们为了祖国和人民抛头颅、洒热血的大无畏气概中感受党的伟大,把学习老红军精神具体到每名官兵的日常工作、生活、学习、训练等点滴养成之中。

"党旗所指,剑锋所向。"这是"红一团"不变的信仰,是红色基因激励下的不懈追求。这种信仰镌刻在每一个"红一团"人身上,鞭策他们在每一个普通战位上顽强拼搏,勇创佳绩。

专家点评

建设强大的现代化新型陆军,是实现中国梦强军梦的战略要求。党和人民的事业要取得胜利,必须有一支强大的人民军队作支撑。陆军作为党最早建立和领导的武装力量,革命战争年代,为民族独立、人民解放浴血奋战,战胜一切艰难困苦,战胜一切凶恶敌人,为建立新中国立下了不朽功勋;新中国成立后,坚决保卫新生政权,捍卫国家主权,维护边境安定,支援国家经济社会建设,为国家富强、人民幸福不懈奋斗。

我国疆域辽阔,地缘环境复杂,陆地边境线和海岸线漫长,祖国完全统一尚未实现,无论御外还是稳内,陆军始终是基本力量。

建设强大陆军,是协调推进"四个全面"战略布局、实现中华民族伟大复兴的内在要求,是捍卫国家和民族最高利益的战略考量。我们要自觉从党和国家工作的全局出发,从实现强军目标的大局出发,努力建设能够支撑强国伟业、堪当强军重任的陆军部队。

建设强大的现代化新型陆军,是顺应新军事革命潮流的战略抉择。当今世界新军事革命浪潮风起云涌,各主要国家纷纷加快军事变革,争夺军事竞争新优势,建设适应时代发展和作战需要的新型陆军是一个战略重点。

建设强大陆军

百舸争流,奋楫者先。推进陆军由大向强发展,要破除"陆战过时""陆军无用"的认识误区,摒弃"大陆军"惯性思维,抓住机遇、积极变革,赶上潮流、赶上时代,保持优势、走在前列。

要把信息系统建设和信息高效利用作为重要抓手,推动陆军由机械化向信息化转变;大力发展新型作战力量,加强陆军部队数字化、立体化、特种化、无人化建设;优化力量编成和规模结构,使部队向充实、合成、多能、灵活的方向发展。

 **今日践行**

中国人民解放军陆军领导机构、中国人民解放军火箭军、中国人民解放军战略支援部队于 2015 年 12 月 31 日正式成立。中共中央总书记、国家主席、中央军委主席习近平,向陆军、火箭军、战略支援部队授

予军旗并致训词。

2016年2月1日,中国人民解放军五大战区正式成立,中国军队由此进入"战区时代"。

在授旗仪式上,习近平发布训令,指出战区担负着应对安全威胁、维护和平、遏制战争、打赢战争的使命,对维护国家安全战略和军事战略全局,具有举足轻重的作用。

习近平命令:各战区要毫不动摇听党指挥,坚持党对军队的绝对领导,坚持政治建军原则,强化政治意识、大局意识、核心意识、看齐意识,自觉同党中央和中央军委保持高度一致,严守政治纪律和政治规矩,不折不扣地执行党中央和中央军委的命令指示。

习近平命令:各战区要聚精会神钻研打仗,关注国家安全形势,拓宽战略视野,研究现代战争制胜机理,把握军事力量运用的特点和规律,加紧拟制战区战略,完善作战方案计划,抓好联合训练和指挥训练,积极主动谋取未来战争主动权。

习近平命令:各战区要随时准备领兵打仗,时刻听从党和人民召唤,牢固树立战斗队思想,发扬"一不怕苦,二不怕死"的战斗精神,培养英勇顽强的战斗作风,保障国家主权、安全、发展,以实际行动谱写人民军队光荣历史的新篇章,向党和人民交出优秀答卷。

读后拓展

1. 有网友认为,随着新军事革命的不断推进,海空军的战略地位日益突出,而陆军属于传统没落兵种,已经没有继续发展的意义。对此你有何评价?

2. 下图是目前中国人民解放军陆军18个集团军的分布图。

问题:距离你所在地方最近的是哪个集团军?
探究:请查阅、搜集该集团军的军史。

2. 迈向深蓝　大海就是我的家

> 强军目标是实现中华民族伟大复兴中国梦的必然要求，实现中国梦对军队来说就要实现强军梦。
>
> ——习近平

 军情报道

中国海军参加2016环太平洋联合军演

2016年环太平洋联合军演

2016年8月3日，圆满完成海上实际演练的中国海军舰艇，相继靠泊夏威夷珍珠港，这标志着中国海军参与"环太平洋-2016"演习海上阶段演练全部结束。

自7月12日展开海上阶段演练以来，历时23天，中国海军舰船与美国、法国、印尼等国共10艘舰船组成175特混编队，先后完成了主炮射击、跟踪监视商船、小艇登临检查、反海盗、海上搜援、离舰支援损管、海上补给、直升机突击、编队运动等课目演练。首次参演的中国海军援潜救生船长岛船，通过桌面推演，与美国、澳大利亚、加拿大等国专家进行了深入交流，并开展了模拟平台水下实际对接、水下打捞作业等课目的演练。

参加环太平洋联合军演的我 572 舰

演练中,针对演练项目繁多、兵力协同复杂等实际,全体参演官兵精心筹划准备,严密组织实施。在主炮射击课目演练中,西安舰与衡水舰先后完成对经纬度点、浮体靶、拖靶射击。其中,主炮对浮体靶射击弹着集中,成功击沉浮体靶。在海上援潜救生演练中,中美双方共同组织实施,我方深潜救生艇操纵人员克服海区水文气象生疏、海底地形复杂等困难,与美方提供的模拟平台完美对接,向业内同行展示了我海军过硬的援潜救生能力,受到参演各方的高度评价。

通过海上阶段的演练,展示了中国海军过硬的专业素养和开放自信的形象,拓展了官兵的视野和思路,积累了海军参与国际重大演习和开展多边合作的经验,同时也增进了与参演各国海军之间的友谊和互信。

海军陆战队开展实战化演训

海军陆战队实战化演训

2016 年年底,随着综合训练场的一声枪响,海军陆战队某旅开启了新年度军事训练"战斗"模式。一时间,滚滚炮火硝烟弥漫。开训第三天,该旅陆战二营以一场比武淘汰赛拉开了练兵备战的大幕。只见数百名陆战精英悉数披挂上阵,5 公里武装越野、战术基础训练、单兵掩体构筑、应用射击……一连比拼十余项课目后,最终在 400 米渡海登岛障碍训练场上一决高下。比武中,许多官兵的体能和意志都被逼至极限,逼出了危机感,更逼出了锐气与血性。

夜幕降临,随着作战值班室一声令下,上百名担负战备值班任务的官兵兼程而进,机动上百公里到达某濒海岛屿,立即展开夺控岛礁演练。

官兵们或猫着腰快步搜索,或穿插迂回,或冲锋跃进,进攻异常凌厉。密集的枪声伴着奔涌的大潮,震荡整座岛屿,迎来了新年度第一个胜利。

基层军官们表示:"实战化训练只有紧扣战斗力标准,才能让官兵迅速找回子弹上膛的状态,才能让部队为打胜仗做足准备。"

"辽宁号"航母编队跨海演训

2016年年底,我航母辽宁舰与数艘驱护舰组成编队,携多架歼-15舰载战斗机和多型舰载直升机开展跨海区训练和试验任务。

12月23日,在黄海某海空域,多批次歼-15舰载战斗机从辽宁舰飞行甲板起飞升空,开展了空中加受油、空中对抗等多项训练任务。

上午11时,在黄海某海域,十余架歼-15舰载战斗机飞临辽宁舰上空。随着着舰指令的下达,第一架歼-15舰载战斗机进入着舰航线,并放下起落架襟翼尾钩。伴着轰鸣巨响,歼-15舰载战斗机的尾钩牢牢地挂住了阻拦索。随后,十余架歼-15舰载战斗机依次降落在辽宁舰甲板上,成功完成阻拦着舰。

海军某舰载战斗机团团长说,这次是我们飞行员在复杂海况情况下执行这种着舰的训练,应该说从技术上、心理上、环境上都很有特点,我们先期也进行了非常详细的准备和技术研究,包括我们的飞行员、LSO。从训练的效果来看,应该说大家对气象、海况的适应还是非常快的,所有的回收都顺利地一次完成,达到了预期效果。

这次"辽宁号"航母编队从渤海出发,经过南海、台湾以东外海,穿越宫古海峡,突破第一岛链后折返经过巴士海峡进入南中国海。这一路线也彰显了对于台独势力与国际干预势力的威慑和警示,彰显了中国海军坚定维护国家主权的决心。

相关链接

"辽宁号"航空母舰

辽宁号航空母舰,简称"辽宁舰",舷号16,是中国人民解放军海军第一艘可以搭载固定翼飞机的航空母舰。前身是苏联海军的库兹涅佐夫元帅级航空母舰次舰瓦良格号,改装后中国将其称为001型航空母舰。

"辽宁号"航空母舰

"辽宁号"满载排水量六万吨,平均航速29节,最大续航能力7 000海里,全舰可搭载1 960名船员,采用歼-15作为其舰载机。

海空英雄——张超

4.4秒,生死一瞬,他毅然选择"推挡"挽救飞机,放弃了第一时间跳伞。2016年4月27日,海军歼-15舰载机飞行员张超,因飞机机械故障,在陆基模拟着舰训练中壮烈牺牲。没有留下豪言壮语,只有拼尽全力的执着,他最终倒在离梦想咫尺之遥的地方。

海空英雄张超

"他是我选来的,也是我送走的。他是个天生的优秀飞行员。"海军某舰载航空兵部队部队长动情地说。张超,海军少校,一级飞行员,飞过8个机型。他驾驶歼-8巡逻西沙,驾驶歼-11B在南海战备值班。从陆基转为舰基,他的飞行技能有口皆碑。指挥官说:"他最后一个飞行架次表现依旧出色,面对特情,他的处置冷静而准确。"

国之利器,以命铸之。舰载机上舰飞行,被喻为"刀尖上的舞蹈",是航母形成战斗力的关键。他到舰载航空兵部队报到时与妻子约定:"未来一年别来探亲,等我驾战机从航母上凯旋,再与你相拥!"凭着拼命三郎的劲头,张超和战友们克服前所未有的风险和挑战,在一年之内完成歼教-9、歼-15两型战机改装。"他用自身的实践,为海军舰载战斗机飞行员快速成长探索出了一条路。"参谋长说。

"无论何时,他的脸上都挂着灿烂的微笑。"这是张超留给战友们最深刻的记忆。篮球场上,满场飞奔、笑声爽朗的是他;饭桌上,讲笑话逗大家乐的是他;训练中,面对风险笑容依旧的是他。最后一次飞行,他还是微笑着登上战机……张超走了,战友们这才意识到:这微笑的背后,是如山的坚强。"他用自己的牺牲换来战友们的飞行安全,用年轻的生命为航母事业铺路。"

第一章　钢铁长城　忠诚卫士

辽宁舰上的水兵生活

作为我国的第一艘航母,辽宁舰有20多层3 000多个舱室,1 000多人生活在里面,光航母内部的通道加起来总长度就有数十公里。曾有人做过假设,如果一个刚出生的婴儿从第一天起,每天换一间舱室居住,当他住遍所有舱室走出辽宁舰时,已经10岁了。

现代化餐厅、洗衣房、健身房、垃圾分类处理站、邮局、超市等等,这些以前不可想象的条件在航母上都成为现实。辽宁舰为每名官兵配备了洗衣袋,衣服脏了,随时可以装进有自己名字的洗衣袋里,放在洗衣房自己所属部门的篮子里。洗干净烘干后,洗衣房通知部门负责人去取就好了。每天的洗衣量大约1 000千克。

吃饭这件小事,在航母上可是愁人的大事。众所周知,航母上的工作压力出奇的大,一千多人怎么吃,吃什么,在哪儿吃,这曾经让舰上领导和炊事班研究了好久。现如今,航母上有十几个大大小小种类不同的餐厅,中餐师、面点师全有,能保证各个时间段值完班的舰员和少数民族战友随时吃上可口的美食。

专家点评

海洋安全是国家安全的重要保障。尤其是在当前国际形势风云变幻、海洋纷争起伏不断的背景下,中国的国家安全尤其是海洋安全,面临日趋严峻的挑战。

从国家安全的内容看,海洋安全自古就是国家安全的重要组成部分,制海权是国家主权不可或缺的重要一环。历史上因为海洋安全爆发的战争数不胜数。当今世界,和平与发展成为主题,但是海洋安全问题的重要性,不仅没有弱化,反而更加突出。

新形势下,必须高度重视海洋安全的地位和重要性。其任务主要

我海军保卫下的中国海上石油平台

在于维护国家海洋安全,捍卫国家海洋权益,保障国家的海洋发展空间。人民海军是保卫实现国家海洋权益的强大后盾。

"财富取之海洋,危险亦来自海上"。实现国家海上方面的和平安全,是实现海洋强国的基础和前提。美国海洋战略家马汉曾提出,海权得失是描述一个国家发展现状的重要轨迹,构成一个国家强与弱、兴与衰的历史。

茫茫海洋,不仅是国土防御的前哨阵地,而且是中国经济高度依赖的重要通道,事关中华民族的千秋基业。建设强大的海军,不仅是为了遏止战争和打赢战争,而且还是为了有效维护国家发展利益和海洋权益,有效维护国家海洋经济与科研活动安全。

 今日践行

走向"蓝水海军"

中国人民解放军海军正处在转型时期,将在今后多年里都会产生影响。大量的军事投资以及海洋战略方面的至关重要的变化,使得从

传统的"红水"(近岸)海军向"蓝水"(远洋)海军的重大转变成为可能。中国海军舰艇正越来越多地在本地区海域以外活动,参加更多的人道主义和国际安全行动,并寻求和获得使用世界各地港口的新机遇,中国海军即将成为一支具有战略意义的现代化海军。

虽然近海防御仍然是解放军海军的首要重点,但由于重点逐步转向远海,因此中国海军有必要采用拥有强大自卫能力、能承担多种任务的可靠的海军平台,支持第一岛链之外的作战任务。

中国已经开始着手这样做。舰队已经为超过6 000艘商船提供护航。其医院船"和平方舟"号频繁地被派出,为需要医疗服务的国家提供服务。中国越来越多地依靠自己的军舰执行世界范围的任务,从打击海盗到中国公民的撤离任务。未来解放军"蓝水海军",将在东、南两个方向依托强大的航母战斗群和海外军港,形成国家战略的重要支点。

夜幕下,"辽宁号"航空母舰上的歼-15舰载机

党的十八大做出建设海洋强国的重大战略部署后,我海军整合海上维权执法力量,对有关国家侵犯我海洋权益的行为进行了强有力的反制。我海军日益增加实战化训练,维护海洋权益的决心不容置疑。我们不会主动挑事,但也决不怕事。正如习主席所强调的:"我们爱好和平,坚持走和平发展道路,但决不能放弃正当权益,更不能牺牲国家核心利益。"

读后拓展

1. 上网搜索下列经典海战战役,从中选取一例介绍一下。

萨拉米海战、阿克提姆海战、白江口海战、格拉沃利纳海战、鸣梁海战、特拉法加海战、克里木海战、甲午海战、对马海战、日德兰海战、偷袭珍珠港、中途岛海战、莱特湾海战、八六海战、西沙自卫反击战、马岛海战

2. 请以中学生的名义,给辽宁舰官兵写一份公开信,表达你的敬意。

3. 战机翱翔　祖国蓝天好卫士

> 加快建设一支空天一体、攻防兼备的强大人民空军,为实现中国梦强军梦提供坚强力量支撑。
>
> ——习近平

中国空军举行年度"红剑"军演

多型战机联合制空、地导火力动中抗击、情报预警一网联动、电磁对抗贯穿全程……2016年11月中下旬,空军"红剑-16"体系对抗演练在西北大漠激战正酣。两个战区空军数十支部队、近百架战机和多个兵种上演全要素红蓝体系对抗。

"红剑-16"演练,全程设置实战背景,全程实兵实弹对抗,突出"任务、体系、电磁、对抗、检评"等关键要素,加入近距支援作战、情报来源全自主、多机种编队突防、预警机临机接替指挥等考核课目,针对体系作战能力短板,深化作战编组集成和全要素作战体系融合,着力提升信息火力一体运用能力,锤炼战役指挥员复杂战场条件下的作战指挥能力。

演练现场,以往用废弃民房和公路代替的机场、大楼等战场目标,全部换成等比例仿真靶标。航空兵部队歼击机、轰炸机、干扰机等多机种编队,形成空中作战集群协同突击,地导、雷达、电抗部队为了躲避反辐射武器打击,在大漠中连续机动,全程伪装……随着演练逐渐深入,红蓝双方各自的协同配合日渐娴熟,部队紧盯对手、专攻精练、信息主导、体系作战的意识得到有效加强。

空军参谋部介绍,演练淡化了盯分数、比输赢的要求,临机处置、信息中断等险局变局成为"必考题"。评估标准全部从实战出发,目的是以"红剑"体系对抗演练为平台,促使各级指挥班子和部队用头脑打仗,按实战练兵,靠联合制胜,牢记主建为战、盯战抓建思想,不断提升空军部队能打仗、打胜仗的能力。

攥指成拳射天狼

谈到空军,我们最容易想起的是翱翔在蓝天的战鹰。可你知道吗?空军还有一支地面部队,那就是中国人民解放军空军地空导弹部队。这支部队曾经创造过击落多架某高空侦察机和无人机的辉煌战绩。如今,他们的辉煌依然在延续。

2016年10月,驻训在某地的中部战区空军导弹某团,进入实弹战术演练最关键的课目:实弹射击。

凌晨2时50分,敌情通报传来并要求该团整建制机动至某地域设伏。行随令转,该团几百台车辆和装备悄然发动,在只用微光灯照明的情况下,向陌生地域集结机动。

一路挺进,军官叮嘱部队,注意灯火管制,暗夜行

空军地空导弹部队

军,不得有半点马虎。为了躲避"敌"机侦察,梯队分散机动。整个过程,官兵们都加着十二分的谨慎和小心。这不仅是因为此次实弹战术演习实战化程度极高,还因为他们所走的每一步都是在探索中前行。

"立足现有装备打胜仗是做好军事斗争准备的基本要求。指有长短不要紧,攥指成拳力更强!"新老装备混编上阵,面对种种难题,团营两级军官经过理论授课、模拟演练、探讨交流、现场释疑,熟悉各种兵器专业知识、组训、保障模式,共同探索新老装备混编模式下的作战指挥程序和战法战术。

新装备发发命中,老装备剑剑封喉。据了解,该团验证采用某新老装备混编战法,老装备消灭不同属性目标,全部打到边界,发挥最大潜能,新装

备首次实弹射击发发命中。一个月的实弹战术演习导弹全部命中目标,全团新老装备结合打出了15发15中满堂红……

中国的地空导弹部队自从1958年10月成立地空导弹第一营以来,已经发展成为一支拥有高中低空、远中近程和反辐射地空导弹武器系统,具有相当规模和高技术作战能力的现代化国土防空力量。在新军事革命的今天,这支光荣的部队,也以自己的实际行动,践行着习主席建设战略空军的命令。

空军战机两路夹击　同时飞越第一岛链

2016年11月25日,中国空军多型战机同时飞越巴士海峡和宫古海峡。此次穿越宫古海峡的机型包括苏-30战斗机、轰-6轰炸机、图-154电子侦察机和高新系列电子侦察机。

我空军战机安全飞越巴士海峡、宫古海峡

我国空军战机同时飞越不同海峡赴远海训练,在历次西太平洋远海训练中实属首次。军方表示,空军将继续组织常态化远海训练,进一步锻炼和拓展空军部队远海体系能力。

有军事专家指出,常态化的远海训练,不仅可以增强空军的远海机动作战能力,还可以加强空军对周边空域的控制能力。这是中国空军从大到强,建立战略空军的必经之路。

我空军战机能够安全地飞越巴士海峡、宫古海峡,在海峡以外空域进行训练并安然返回,表明我国的空军远海作战能力有了明显提高,有能力同时应对两个不同方向的作战需求。即便东海、南海两个方向同时有事,中国空军也有能力应对。

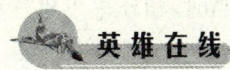 英雄在线

唯一蝉联空军"金头盔"的飞行员——蒋佳冀

你知道"金头盔"吗?它是中国空军对抗空战考核优胜者的"桂冠"。得"金头盔"者,可谓是中国空军战斗力的锋刃。

空军航空兵某团团长蒋佳冀,却令人羡慕地两次获得空军"金头盔"奖。

蒋佳冀的第一场"金头盔"之战,就赢得出乎意料。2011年冬,中国空军首次对抗空战考核在华北某地拉开大幕。100多名经过层层选拔、脱颖而出的飞行精英云集于此,角逐中国空军飞行员的荣誉象征——"金头盔"!对手是一支赫赫有名的空中劲旅,被公认为参赛队中最强的队伍——战机配备先进的雷达和导弹,飞行员拥有丰富的演训经验。"赛前,领导动员都说得很实在:输给他们不丢人,你们的目标就是尽量缩小比分差距。"蒋佳冀回忆说。一边倒的对抗!所有人都这么想,却没有人料到,最终的胜利属于他们。蒋佳冀以42∶0的比分一鸣惊人!究竟是什么翻转了胜利的天平?

"电磁!"蒋佳冀的回答斩钉截铁,"他们没想到,我们一出手就是电磁干扰、欺骗、压制。搜索,看不到;看到、锁不定;锁定、打不出;打出,打不中……"这几乎是他们所有对手共同的尴尬。电磁干扰的魅影,让对手处处被动。

"打完这一仗,我们赢得了更多的尊重。大家发现,我们不是靠一招鲜。别人学会使用电磁干扰的时候,我们已经开始研究电磁干扰环境下导弹如何锁定、如何命中了。"蒋佳冀笑着说。

比王牌的技术更可贵的,其实是王牌的忧患意识。不久之后,在空军组织的研讨会中,蒋佳冀强烈建议用"击落制"代替"比分制"。无论是训练还是对抗,都只能有一个标准:能不能打赢!他难忘出国留学的战友讲起的一件往事:

蒋佳冀（左）和战友们

"当时,和外军飞机一起编队训练,我用半生不熟的外语向对方喊话,对方居然能用一口流利的汉语应答。当时就心头一震——当我们在学习研究对手的时候,人家可能把我们研究得更深。"

"什么是真正的'金头盔'？是胜利！当祖国需要的时候,是否真能一飞冲天,不辱使命？这需要每一名飞行员在战场上用行动做出回答！"蒋佳冀言语铿锵。

"遗憾的是,我只能为祖国牺牲一次！"一次高风险课目试训,蒋佳冀要求第一个试飞！请战书中的一句话,读来让所有飞行员心潮澎湃。平凡一语,道出的正是新一代青年军人的担当。

专家点评

空中力量经过短短100年的发展,已经从附属于陆海军的地位,逐步发展成为现代高技术战争的主体力量。

中国空军现代化令世界瞩目

制空权是罩在陆、海军头上的一把空中保护伞,有了制空权,陆、海军可以不受或少受敌方航空兵的损害,因而制空权是制胜的必要条件之一。随着高科技发展及其在军事上的运用,空中战场的决定作用将越来越明显,空军在未来空天海地立体化战争中的主力军地位,也将越来越显赫。

事实上,最近20多年来,中国空军一直处在转型的漫长征程中,"战略性军种"的提出正进一步明确了它的目标。从1949年到20世纪80年代末,中国空军总体上是一支防御型的力量,在作战中也处于从属地位。应该说,空军转型建设的起始时间是20世纪90年代初,以引进三代武器装备为标志,空军转型建设迈出了坚实的步伐。

海湾战争对空军是一个很大的触动。38天一场战争,直接颠覆了世人以往对于战争形态、作战样式的认识和理解,也必然引发我们对建设强大人民空军的深度思考和紧迫忧患。

英勇的中国空军战士

2004年,中国"空天一体,攻防兼备"的战略正式形成。从2004年到2016年,空军战略的形成和发展,可以说走过了一段光辉又曲折的过程。如果说"空天一体,攻防兼备"过去是作为一种理论创新的话,那么以习近平主席到空军机关视察调研"4.14讲话"为标志,空军现代化建设的体系架构、作战力量、建设理论出现了深刻变革。习主席向全军发出的动员令,表明这个战略目标已经上升到国家国防和军队建设的高度。

学习试飞英雄 践行蓝天梦想

航迹承载梦想,蓝天见证辉煌。为中国航空事业跨越式发展和空军装备现代化建设作出突出贡献的英雄试飞员群体,作为国家航空事业发展不可或缺的重要力量,使命重大,功勋卓著。他们不仅是航空理论的探索者、飞机设计的参与者、飞行的先行者,更是航空科研战线的排头兵。

空军试飞员们在研究、讨论战例

60多年来,从20世纪五六十年代试飞二代战机,到世纪之交试飞三代战机,再到今天试飞更新的机型,一代代中国空军试飞员为了尽快缩小中国航空与世界先进水平的差距,牢记祖国嘱托,肩负强军使命,在一次次风险莫测的试飞任务中不畏艰险,不怕牺牲,前赴后继,慷慨出征,用青春、热血甚至生命,圆梦蓝天,在万里苍穹谱写了震撼人心的英雄史诗。他们不愧为中华民族的优秀儿女,不愧为中国军人的杰出楷模,不愧为思想过硬、技术过硬、作风过硬的英雄群体。

赤胆忠魂担大任,凌云试剑气如虹。战争年代,军人当马革裹尸,血洒疆场。和平年代,军人又该如何?空军试飞员群体,用勇闯蓝天禁区的行动作出了生动回答:那就是国家安危重于生命,崇高使命重于泰山;在党和人民召唤的时候,必须面对难题敢攻关,面对死神敢亮剑,面对艰险敢冲锋,面对强手敢超越,始终把国家和民族的利益放在第一位,自觉继承和弘扬我军敢打必胜、一往无前的战斗精神,让英雄气常在我们的胸膛激荡,让壮士血永在我们的血管奔流。

 读后拓展

1. "海湾战争对空军是一个很大的触动。"你知道海湾战争吗?请通过看报纸或上网,剖析战事,说说海湾战争是如何颠覆世人对战争形态、作战样式的理解的。

2. 你想成为人民空军的一员吗?你想驾驶战鹰翱翔蓝天吗?中学生是有机会直接通过招飞加入空军的。

请上网搜集空军招飞的相关资料,和志同道合的伙伴们分享。

4. 东风冲天　火箭部队撼河山

努力建设一支强大的现代化火箭军。

——习近平

2016年12月，火箭军组织多支导弹劲旅挺进寒区，展开指挥筹划、攻防对抗、生存防护等课目演练。

进场即对抗，下车就"打仗"。此次演练，火箭军采取全程对抗、全程导调、全程考核方式，引导参训部队敢于暴露问题、直面问题、解决问题，在破解难题中探索规律、研练战法、提高能力。

演练中，参演部队突出整旅火力突击、整旅部署转换、连续多波次火力突击等课目训练。为在近似实战条件下锤炼发射本领，他们抽组力量编成"蓝军"分队，综合采取实体对抗、环境构设的方式，实施"侦、扰、打、破"一体对抗行动。

火箭军导弹劲旅挺进寒区

导调大厅内，导调组运用一体化导控平台远程监控部队行动，将红蓝双方演练实况尽收眼底。导调考核人员深入每个参训单位、每个要素末端，详细记录训练数据，准确发现存在的问题。某导弹旅因一个发射单元未能有效应对电子干扰被判失败；某发射分队因伪装手段和时机不合理,被判无效防护遭受"致命打击"……官兵们针对问题,边演边改,使严寒的冬日成为提高发射能力的"最佳窗口"。

组织导弹旅分期分批挺进寒区砺剑已成为常态。二炮改编为火箭军以来,各部队把实战标准贯穿冬训全程,先后完成数十次发射演练任务,提高了部队复杂天候条件下的整体作战能力。

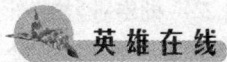
英雄在线

这位藏族班长,厉害了

从新兵到老兵,从操作号手到指挥长,火箭军某导弹旅发射二营藏族班长益西次仁,凭借过硬的技术和指挥能力,执行多次重大军事任务,是全旅响当当的导弹专业技术大拿,指挥导弹转载操作能精准到毫米。据说,他入伍时连汉字都不认识。

清脆的哨音划破冬夜的宁静。一位身材魁梧的上士,双手不停地做出各种手势,嘴里吹出长短不一的哨音。他正在指挥几名号手操作吊车臂或升或降或转或停,将一枚导弹稳稳地转载到发射车上。几分钟后,战车驰骋驶入夜幕,一场导弹发射演练即将打响。

益西次仁

长剑入鞘,指挥操作精确到毫米,对于这位上士来说,已如庖丁解牛般熟练。他,就是火箭军某导弹旅发射二营藏族班长益西次仁。

2004年冬,19岁的益西次仁脱下藏袍,穿上军装,来到战略导弹部队。进入军营,益西次仁才发现,一双曾降服野牦牛的大手,此时却如生了锈的铁钳子一般,导弹专业教材摆在面前,他不识汉字如读天书;导弹操作训练,他直到手心冒汗也没弄明白。

知耻后勇。此后,学习室内、训练场上、发射架下,见证了他的突击,也记录了他的精彩。一次,部队奔赴大漠戈壁执行演练任务,益西次仁受命为全旅进行夜暗微光条件下导弹转载演示。老天似乎故意刁难他,傍晚时分刮起大风,风力达到作业极限。演示前,益西次仁带着操作号手反复进行推演,拿出多种应急预案。最终,他凭借过硬的技术和指挥能力,在指挥操作单元出色完成导弹转载任务,刷新了该型导弹极限气象条件下成功转载的纪录。

益西次仁驱车仗剑执行多次重大军事任务,带出了一批专业技术骨干。他不善言辞,更不喜欢以能者自居,挂在嘴边的是那句家乡谚语:"盐巴水不解渴,漂亮话不顶用,有没有能耐,关键时候露出来!"

历史不会忘记——杨业功将军

杨业功,1966年2月加入中国共产党。1963年8月入伍,历任战士、班长、排长、参谋、营长、团参谋长、作训处长、旅长、基地副参谋长、副司令员、司令员和第二炮兵副参谋长等职,少将军衔。

2004年7月2日,弥留之际,杨业功仍发出"出发"口令,生命之树永远定格在了第59圈年轮。

当共和国战略导弹部队日益壮大,当沐浴在幸福阳光下的人们仰望和平天空的时候,让我们永远铭记这位为我军现代化事业建立突出功绩的高级军事指挥员。

杨业功告诫部队:"只有从全局高度确立打赢标准,瞄准世界一流抓战斗力建设,才能成为党和人民可信赖的铁拳头。"

杨业功没上过大学,是从普通士兵成长起来的。但他几十年好学不辍,成了远近闻名的专家型人才。搞训练,重要的操作岗位他都能亲自教学和示范作业;抓教学,对新型导弹的关键技术他能"一口清"。

2002年8月,他在一个单位参加某项工程的验收调试,发现直接关系导弹命中精度的基座有问题。经过精确测定,误差值在允许范围之内。但杨业功坚决要求打掉重建。有人说这个基座是个预备项目，一般情况下用不上，这点小误差没多大关系。杨业功一听就火了："你知不知道什么叫导弹？知不知道什么叫'差之毫厘，失之千里'？知不知道战争中没有一般情况？"连珠炮式的反问使大家猛醒，"精密、协调、准确、严谨"的建设和训练思想随之更加深入人心。

2004年6月，当领导前来看望病重的杨业功时，他用尽力气所讲的，全都是如何加强导弹部队的建设……杨业功走了，在最后时刻，他喊着"出发"这个微弱却坚定的口令，走完了自己的人生。围在他身边的官兵无不泣泪成声，不约而同地抬起右手，用庄严的军礼为共和国将军送行。一副挽联上这样写着："你把忠魂留在了阵地，你把忠诚留给了祖国，你永远是我们心中的英雄！"

官兵们仿佛看到，杨业功率领着部队又一次向阵地出发了……他的生命在阵地中永恒。

《感动中国人物》杨业功将军的颁奖词："筑就长缨锐旅，锻造导弹雄师，他用尺子丈量自己的工作，用读秒计算自己的生命。未曾请缨提旅，已是鞠躬尽瘁，天下虽安，忘战必危，他是中国军人一面不倒的旗帜。"

专家点评

火箭军的前身是解放军第二炮兵部队。我国的第二炮兵是经毛泽东主席批准、周恩来总理亲自命名，于1966年7月1日成立的，是受中央军委直接掌握、指挥的战略威慑核心力量。由于这支部队性质特殊、任务重要，又为了与炮兵区分，就把它简称为"二炮"。二炮主要承担遏制他国对中国使用核武器、遂行核反击和常规导弹精确打击等任务。目前，它已具有世界上最完备的弹道导弹打击体系，并且核常兼备、射程衔接。它的高精度中程弹道导弹等手段在全球都独树一帜，是保障中华民族根本生存利益，打击和震慑潜在敌人的有力"撒手锏"。

强大的中国火箭军部队

二炮升级为一个新的军种——火箭军,就是进一步准确定位,使之成为我国战略威慑的核心力量和大国地位的战略支撑,能够利用陆、海、空于一体的多种手段,形成强大的对外战略威慑、战术打击能力,保护中国免受外部核攻击,保护中华民族根本生存利益和国家安全。同时,围绕这一定位,该军的职责任务也更加清晰,下一步的发展方向更加明确。

升级为火箭军之后,在编制上会有很大的扩充,或将核力量、常规武器、战略核潜艇、战略轰炸机等收归麾下,成为集海陆空三位一体于一身的战略核威慑力量。根据火箭军成立大会透出的信息,火箭军下一步的发展方向,会按照核常兼备、全域慑战的战略要求,增强可信可靠的核威慑和核反击能力,加强中远程精确打击力量建设,增强战略制衡能力。

 今日践行

东风浩荡,雷霆万钧;大国长剑,威震苍穹。习主席对战略导弹部队高度重视,寄予厚望。2015 年 12 月 31 日,习主席亲自向火箭军授予军旗并致训词,标志着火箭军正式成为中国人民解放军的战略军种。这一重大改革举措,蕴含着党中央、中央军委和习主席推进实现中国梦

强军梦的深邃战略思考,凝结着构建中国特色现代军事力量体系的坚定意志,承载着对战略导弹部队的殷切期望,开启了中国火箭军建设发展的新征程。

2016年,习近平主席视察火箭军机关并发表重要讲话,充分肯定了火箭军的突出贡献和重要地位作用,鲜明提出努力建设一支强大的现代化火箭军,激励火箭军全体指战员要"扎扎实实把战略能力搞上去"。

火箭军正式成为中国人民解放军的战略军种

蓝图规划未来,号角催人奋进。扎扎实实把战略能力搞上去,要以党在新形势下的强军目标为引领,贯彻新形势下军事战略方针,坚持政治建军、改革强军、依法治军,牢记历史使命,加快发展步伐,营造良好的战略安全环境。要在提升战略遏制能力上实现新突破,在提高备战实战化水平上实现新突破,在加强战略运用上实现新突破。要确保在思想上、政治上特别过硬,打造具有铁一般信仰、铁一般信念、铁一般纪律、铁一般担当的过硬部队,为共和国筑起坚不可摧的和平盾牌。

读后拓展

1. 下面是《火箭兵之歌》的歌词,请查找、收听这首歌。

　　　　我们是光荣的火箭兵,
　　　　高举旗帜忠诚使命,
　　　　努力做到四个非常过硬,

敢打必胜听党号令。

我们是光荣的火箭兵,
高举旗帜忠诚使命,
努力做到四个非常过硬,
敢打必胜听党号令。

前进,前进,向前进,
为建设强大战略导弹部队,奋勇前进。
前进,前进,向前进,
为建设强大战略导弹部队,奋勇前进。

2. 请结合本节内容及当前国内、国际形势,谈谈你对发展火箭军的感悟,写一篇小论文(不少于 300 字),张贴在班级报栏上,与同学们交流。

5. 创新进取 空间技术惊天下

> 发展航天事业，建设航天强国，为实现航天梦谱写新的壮丽篇章。
>
> ——习近平

军情报道

迈进大火箭时代

2016年11月3日20时43分，中国最大推力新一代运载火箭"长征五号"，在中国文昌航天发射场点火升空，约30分钟后，由远征二号上面级和实践十七号卫星组成的载荷组合体与火箭成功分离，进入预定轨道，"长征五号"运载火箭首次飞行任务圆满成功。

中国航天迈进大火箭时代

作为长征火箭家族中划时代的奠基型号，"长征五号"堪称"大块头"。高个头——总长近57米，立起来约有20层楼高；粗腰围——箭体直径达5米,捆绑4枚3.35米直径助推器;强心脏——首次采用芯一级2台50吨级氢氧发动机与4枚助推器各2台120吨级液氧煤油发动机的组合起飞方案,10台发动机同时点火,实现了我国异型发动机起飞技术的重大突破。

作为我国最大推力的新一代运载火箭,"长征五号"有着"大力士"之誉。起飞规模最大——全箭起飞重量约870吨,起飞推力超过1 000吨;运载能力最大——近地轨道运载能力达25吨,远地轨道运载能力达14吨,比"长征三号"火箭提升了2.5倍以上;技术跨度最大——全箭采用247项具有完全自主知识产权的核心关键技术。就综合性能而言,"长征五号"已跻身世界主流大火箭阵营,必将大幅度提升我国自主进入空间的能力。

面朝大海,仰望星空,这是中国文昌航天发射场的第二次发射,这是长征系列运载火箭的第238次飞行。作为中国大运载时代的"开拓者"、深空探测的"主力军","长征五号"将用于未来探月工程三期、载人空间站、首次火星探测等任务。由大火箭开启的中国航天"新长征"正壮丽起航。

名词解释

中国人民解放军战略支援部队

2016年,一支新型作战力量——战略支援部队加入中国人民解放军序列。习主席向新成立的战略支援部队致训词时强调指出,战略支援部队是维护国家安全的新型作战力量,是我军新质作战能力的重要增长点。在调整军委总部体制过程中,将总部直属的情报、技侦、电子对抗、网络攻防、心理战、通讯等方面力量整合到一起,形成"战略支援部队"。

自此,人民解放军形成了"陆军、海军、空军、火箭军和战略支援部队"五大军种,形成新军事革命下我军的全新兵种形态。

战略支援部队标志的图案由麦穗、八一、五角星、三角箭头、卫星或电子云轨道组成,据此判断,该部队应包括电子对抗、网络攻防、卫星管理、外层空间防御等方面力量。

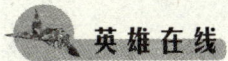

幕后亦英雄

2016年10月,我国的"神舟十一号"载人飞船发射成功,之后顺利与"天宫二号"实现交会对接。今年除了发射"神舟十一号"之外,"长征五号"大型火箭也首飞成功。

在航天事业快速发展的同时,幕后经历了哪些不为人知的艰辛?在这些为公众所熟知的航天员背后,又有多少先驱?实际上,我国首批航天员中的大多数,曾经经历过在北极圈零下50℃生存48小时的极地考验,但因为各种原因,他们却无缘飞天。

航天事业的幕后英雄吴杰

吴杰是我国首批航天员队伍中的一员,他比中国其他航天员更早知道这一点。1996年,在中国航天员大队正式成立以前,吴杰和另一名战友李庆龙作为中国提前选拔出的两名航天员教员,前往俄罗斯加加林航天员训练中心接受基础性课目训练。

太空看似美妙梦幻,实则类似于"黑洞"。置身太空,丧失了时间与空间定位感的个人会面临巨大的孤独,那种远离人类文明的窒息感甚至可以让人崩溃。

"凌晨四五点钟最难熬了,这时候困得非常难受,特别想闭一会儿眼。但只要你闭一下眼睛,监视的警铃就会大响,把你从濒临睡眠的状态拉回来。"吴杰回忆说。

学满一年后,出生于1963年的吴杰,获得了"联盟号"飞船指令长证书。拥有这张证书,意味着他有资格驾驶任何一艘"联盟号"飞船,完成所有职业航天员内心最为梦想的目标——探索广袤的太空。

吴杰说:"我们大部分是60后,经历过大变革,没有名利双收的功利心,却有为祖国、家庭和个人争创辉煌的荣誉感。我们赶上了好时代,搞载人航天也许是我们彰显人生价值的最好途径。载人航天发射100%的成功率,但也没想到还有上不了太空的遗憾。"

时至今日,在互联网上输入吴杰、李庆龙这两位航天员的名字,会有上百条互无关联的新闻同时涌现。细细筛选下来,可以零星发现关于他们篇幅不长的报道,外人很难从这些只言片语的缝隙中,倒推出他们过去几十年辉煌却又单调的光阴,但也正是他们的探索和努力,为今天的航天辉煌打下了基础。

 **专家点评**

21世纪是信息化的世纪,也是空天的世纪。信息领域和空天领域已经成为国际战略竞争的制高点,军事力量竞争正在向空天领域转移,军事力量建设正在向空天方向拓展。这种"转移"是大势所趋,这种"拓展"是历史必然。有专家预言:"控制了空天,就控制了地面、海洋和电磁空间,就掌握了战略主动权。"

20世纪60年代,正是因为我国成功研制"两弹一星",在航天领域占有了一席之地,才打破了超级大国的核讹诈和太空挤压,奠定了中国的大国地位。随着太空商业化和军事化的迅速发展,空间在政治、经济、社会和军事等各个领域表现出巨大的价值。太空具有人类取之不尽、用之不竭的替代能源,太空投资具有巨大的经济效应,可以带动大批相关产业的发展。空间实验可以给人类带来巨大的经济利益。航空产业和航空工业可以极大地提高社会经济活动的效率和效益。从近几场高技术局部战争看,地球上空的各型卫星支援系统,在保证战场上的单向透明和精确制导武器有效运用上发挥了巨大作用,以天基信息为支撑的太空支援和对抗能力是保证军事领先地位的重要支撑。

中国要在国际社会扮演一个负责任大国的角色,非得有一支强大的天军不可。退一步来说,就算中国没有成为超级大国的雄心,强大的天军也是未来中国生存和发展极其重要的保障。

今日践行

天神对接,迈向航天强国的坚实一步

巡天遥看一千河,神舟飞天共瞩目。满载希望与梦想的"神舟十一号"飞船成功着陆,结束太空旅程的中国航天员拥抱大地,屏息静待的亿万民众欢呼雀跃。

"天宫二号"和"神舟十一号"载人飞行任务圆满成功,首次实现了我国航天员中期在轨驻留,并开展一批体现国际科学前沿和高新技术发展方向的空间科学与应用任务,标志着我国载人航天工程取得了新的重大进展。这是建设创新型国家和世界科技强国的最新成果,是中国人民攀登世界科技高峰的最新成就,充分体现我国科学技术发展达到了一个新水平,综合国力和国际竞争力有了明显增强,充分表明中国人民有信心、有能力在世界高新技术领域占据一席之地。

载人航天是当今世界最复杂、最庞大、最具风险的领域,是技术密集度高、尖端科技聚集的系统工程,需要强大的经济实力、科技实力和牺牲奉献精神作支撑。发展航天事业,建设航天强国,是中国人不懈追求的航天梦。60多年来,我国航天事业从

"天宫二号"和"神舟十一号"载人
飞行任务圆满成功

无到有,从弱到强,探索太空从无人飞行到载人飞行,从"单人一天"到"多人多天",取得了空间技术、空间应用、空间科学的长足进步,建成了完整配套的载人航天体系,走出了一条具有中国特色的载人航天发展道路。

"知己不足而后进,望山远岐而前行。"中国载人航天起步较晚,我们始终坚持立足国情、自力更生,注重质量、稳中求进,用较少的飞行次数和较低的经费投入,取得了显著的综合效益。但也要清醒地看到,我们的总体技术水平和能力与世界先进水平相比,还存在差距。推动航天科技不断取得新突破,推进航天事业不断取得新进步,需要坚决落实创新驱动发展战略和军民融合发展战略,锐意进取,攻坚克难,团结协作,拼搏奉献。

 读后拓展

1. 从"东方红一号"卫星发射成功,到"神舟五号"载人飞船上天,再到"嫦娥一号"月球探测器发射,60多年里,中国航天人追梦的心从未放弃,追梦的脚步从未停歇。国务院把4月24日,也就是"东方红一号"发射成功的日子,确定为"中国航天日",这是每一个中国人的骄傲。

请搜集一到两位中国航天英雄的感人故事,与同学们分享。

2. 请动起手来,向你的弟弟妹妹们学习,用搜集到的材料制作一个火箭、飞船或者空间站的模型。

6. 打击邪恶　正义宝剑敌胆寒

> 建设听党指挥、能打胜仗、作风优良的现代化武装警察部队。
>
> ——习近平

世界屋脊的新年升旗

1月1日清晨,西藏阿里地区日土县广场上,数千名各族群众汇聚在这里,等待着庄严时刻的到来——五星红旗伴着新年的第一轮朝阳冉冉升起。

西藏阿里平均海拔4 663米,被人们称为"世界屋脊""生命禁区"。初冬时节,阿里的气温已达到零下20多摄氏度。许多人天还没亮便赶到广场,相互依偎着,跺着脚,搓着手,渴望之情溢于言表。

期待已久的人们此时都注视着同一个方向,《歌唱祖国》的军乐划破了晨曦,从耸立在日土县广场的倒计时牌下走来了一支整齐的队伍,前面是25人的中国武警国旗护卫队。

63岁的藏族退休工人扎西东智大叔动情地说:"每当我看着国旗护卫队迈着整齐的步伐,护卫着神圣的国旗走向升旗台时,我的心情都特别激动。我觉得,作为一名中国人,是多么的光荣和自豪。我们藏区各族人民应该珍惜今天来之不易的幸福生活,进一步搞好民族团结,发展经济,把祖国建设得更加美好。"

10时整,国歌奏响,5米长、3.3米宽的国旗,在武警升旗手用力一挥间顺风展开,艳丽的朝阳穿过云层,五星红旗在晨风中冉冉攀升,数千双各族儿女的眼睛在凝视。如潮的掌声伴随着国旗到达杆顶的一瞬

拉萨布达拉宫广场升国旗仪式

间在广场涌动。

不仅在升旗广场上，在布达拉宫前，在扎寺伦布寺前，在各族人民身边，武警部队为维护西藏地区的民族团结和社会和谐作出了不可磨灭的贡献。

天更蓝，云更清，情更浓，武警战士和藏区各族儿女共祝祖国明天更美好。

 英雄在线

反恐尖兵王刚

精瘦、黝黑，不爱说话，这是初见王刚的第一印象。

然而就是这位不起眼的中年军人，武警新疆总队某支队支队长，一次次亲历反恐战斗，亲手击毙多名暴恐分子，先后荣立一等功2次，二等功1次，三等功12次，获第十九届"中国武警十大忠诚卫士"荣誉称号。

入伍25年，王刚从普通战士成为特战队员，从特勤中队中队长、大队长成为机动支队支队长，经历了多次你死我活的战斗。

一年秋天,一伙暴恐分子趁夜色袭击了一座煤矿,残忍杀害多名群众,又设伏杀害出警的公安民警,抢夺枪支后逃窜,进入高海拔的茫茫雪山之中……王刚奉命带部队进山搜索。他和战友们昼夜攀爬悬崖峭壁,穿越

一条条冰河,经常衣服湿透,浑身冰冷刺骨,却只能用柴火简单烤一烤,就又一刻不停地寻找暴恐分子的蛛丝马迹。

面对越来越艰苦的环境,王刚立下军令状:"不消灭这伙暴恐分子,决不收兵!"40多天后,一部分暴恐分子藏匿的山洞终于被发现。但暴恐分子利用有利地形,用火力封锁住洞口。王刚带领突击队员,用防弹盾牌掩护,迎着嗖嗖飞来的子弹,勇猛地向洞口靠近。这时,一名暴恐分子高喊"圣战"口号,手持砍刀从山洞里冲了出来,王刚果断一枪将其击倒……最终,10多名暴恐分子被王刚和战友们击毙。硝烟未散,王刚就又投入了新的战斗,继续搜捕残敌。不久,暴恐分子头目的行踪被发现。为尽快到达战斗位置,王刚率领官兵,强行翻越三座雪山,率先到达指定位置,全歼暴恐分子。

别看王刚打起仗来像"疯子",其实他胆大心细,很有主见。

2008年的夏天,一伙暴恐分子突然袭击了南疆某地的一处检查站,杀害了多名人员。行凶后,这伙暴恐分子逃窜至一片玉米地里躲藏。

这时担任某支队特勤大队大队长的王刚和战友,奉命对玉米地进行拉网式搜索。夏季的玉米地,郁郁葱葱,根本看不清里面的人。为防止子弹走火误伤,上级要求官兵在搜索时要"枪弹结合关保险"。但是,在现场负责指挥的王刚,却下达了"枪弹结合开保险"的命令。有人提醒他:"这和上级要求不一样,万一真的发生误伤,出现问题怎么办?"

王刚坚定地说:"现场必须根据实际情况来。如果发生问题,全部责任我来承担!"原来王刚根据多年实战经验和战场实际情况,意识到如果发生紧急情况,仅打开保险再子弹上膛射击,要比子弹直接上膛射击慢0.5秒。果然,在搜索过程中,暴恐分子手持长矛,从暗处突然向

中国陆军特种部队

正在搜索的官兵发起攻击,正是由于王刚"枪弹结合开保险"的命令,使官兵在遭遇袭击的同时,第一时间开枪还击。

作为指挥员,王刚善于积累,善用智慧。不论走到哪里,他都会随身携带两幅地图,一幅是行政区划图,一幅是军事信息图,走到哪,琢磨到哪。2015年春节前,王刚奉命带领官兵设卡堵截一伙暴恐分子。当时,地形复杂,岔路口多,兵力又很紧张。只见王刚拿出地图,反复琢磨,最终判断出暴恐分子的走向并合理部署了兵力。果不其然,暴恐分子没逃出王刚为他们设计的"天罗地网",束手就擒。王刚深谙带兵之道,他常说:"我当好指挥员的诀窍,就是要以身作则、以上率下,让别人干的自己先干好!"

王刚从小生长在新疆,对这里充满感情,总是力所能及地帮助当地群众。这些年来,王刚先后帮助50多名辍学孩子重返校园,帮助维吾尔族老大爷修新房、盖羊圈……面对记者的提问,王刚只是淡淡地说:"只要为了百姓安居乐业,不论做什么我都愿意!"

专家点评

无辜生命可以任意残害,公共财产可以肆意破坏……一桩桩暴力犯罪,一起起恐怖活动,无不说明暴恐分子严重违反宪法,无视基本价值,违背人道正义,挑战的是人类文明的共同底线,这是任何一个国家和社会都不能容忍的。与暴恐分子的斗争,既不是民族问题,也不是宗教问题,而是一场正义与邪恶、进步与反动的较量,没有丝毫妥协、退让的余地。

反恐斗争事关国家安全,事关人民群众切身利益,事关改革发展稳定全局,是一场维护祖国统一、社会安定、人民幸福的斗争,必须采取坚

反恐演练

决果断的措施,保持严打高压态势,坚决把暴力恐怖分子的嚣张气焰打下去。

随着形势的发展,武警部队已成为国家反恐核心力量。针对恐怖活动随时随地发生的特点,构建了覆盖全国县以上城市的国家、省、地、县四级反恐力量体系。武警部队打造的"雪豹""猎鹰"两支反恐国家队,已成为打击暴恐的利剑和铁拳。当前,反恐维稳,已成为武警部队的任务重点。武警部队将切实掌握反恐怖主义法的各项规定,制定具体措施,严格贯彻落实,把武警部队反恐能力建设推上新的台阶。

今日践行

一年打掉181个暴恐团伙

"中国新疆一年来破获了181个'恐怖团伙'";"96%的暴恐行动都被摧毁在预谋阶段";"南疆上万农民骑马持农具围捕暴徒"……世界多国媒体再次聚焦中国新疆,但这次并不是报道严重暴力恐怖案件,而是关注这场最大规模反恐专项行动给新疆以及中国带来的成果。

"德国之声"称,新疆政府在"严打暴恐活动专项活动"开展一年后,宣布已打掉181个"暴恐团伙",其中96%被摧毁在预谋阶段。另有112

名在逃人员"在政策感召和家人的规劝下,主动投案自首"。报道称,近年来,针对平民的暴力恐怖袭击事件在中国多地发生,地点已经不局限于新疆,而是扩散到全国其他地区。新疆随即开展了"严打"行动,当局对该恐怖袭击事件的多名罪犯判处并执行了死刑。

《印度时报》称,中国在新疆的大规模反恐行动,是乌鲁木齐市场爆炸案发生后展开的,从那之后,新疆暴力事件明显减少。除了镇压暴恐团伙,中国警方还取缔涉及宗教极端主义和恐怖主义传播的音频、视频,并加强对非法越境行为的打击。为削弱宗教极端势力的影响,中国在新疆大力禁止伊斯兰罩袍和面纱,官方媒体称,新疆传统的服装本来就是五颜六色的。

梵蒂冈一家天主教网站称,在过去一年里,中国政府在新疆部署数以千计安全部队,并自90年代后首次发动大规模审判。中国政府的一部新的反恐法律,着重加强对分离主义的斗争。

中国人民大学国家安全研究中心主任用"喜中有忧"形容新疆反恐成果。他表示,一年严打中破获了181个暴恐团伙,相当于每两天打掉一个。反恐一方面取得了不能低估的战果,另一方面,这一数字同时说明新疆暴恐预谋案件发生的频率比较高,说明新疆反恐形势依然严峻。

巡逻在乌苏里江畔

在美丽的乌苏里江畔,长年驻守着这样一支部队,他们以边疆为伴,以哨所为家,笔直的江畔是他们的跑道,悠久的珍宝岛是他们的精神圣地。官兵们驻守在祖国的东方,守着边疆,却不寂寞,守着要塞,却也从容,用忠诚、无私和奉献的精神,在祖国的边疆勾画着一幅幅美丽的画卷。

这支部队就是武警双鸭山支队饶河中队。中队坐落于饶河县城,东隔乌苏里江,与俄罗斯比金市互连相望,距离乌苏里江畔仅仅两千米。对于县城的大小,驻地人民形象地比喻:"一把瓜子从城东能吃到城西",并且少有外出车辆,到达双鸭山市中心的客车也得用近6个小时,往返也得用一天的时间。官兵们驻守在这里,远离繁华的都市,却从来没有感到孤独和寂寞。

每当夏季来临,是官兵们最难熬的时候。蚊子多且毒性强是这里的一个特点,一班岗下来,战士们的身上都得有十几个包。在这里待过的战士,身上都会留下被蚊子叮过的"痕迹",但是战士们却用坚强的毅力坚守在哨位上。在新战士上哨前夕,中队都会组织官兵去闻名中外的岛屿——珍宝岛,重温入党誓词,共同感受着为保卫珍宝岛牺牲的英雄们的大无畏精神。在这种精神的鼓舞下,官兵们增强了战胜困难、挑战困难的信心,用自己的忠诚在驻地铸起了一道钢铁长城,为保卫驻地社会稳定和人民安全,默默地奉献着。

有一年国庆长假期间,中队担负饶河县城主要街区的武装巡逻任务。当官兵们巡逻到乌苏里江畔时,突然传来一声声急促的呼救声。官兵们闻声迅速跑上前去,只见一个十二三岁的少年在水中苦苦挣扎。河水湍急,形势万分危急。在这千钧一发之际,深谙水性的带队干部和两名班长立即跳入水中,三个人手挽手搭起了一条爱的桥梁,将落水少年托起拉到岸边,成功解救。此时围观的中外旅客响起一阵阵热烈的掌声。

图解:西藏聂拉木边检站武警官兵在中尼边境巡逻。随着冬季雨水的减少,中国与尼泊尔界河波曲河的水位逐渐减低,中尼边境一些不法边民企图偷越国边境从事不法活动的现象渐渐抬头。为加强对边境线及限定区域的管理,西藏公安边防总队聂拉木边检站监护中队再次组织"巡逻小分队",深入中尼边境一线实地踏查,检查国界防护栏、通外小道监控设备及边境一线情况,确保各项防控设备功能正常,边境一线安全稳定。

"驻守一方土地,洒下一片热情。"一茬茬官兵,用自己的赤诚之心,守卫着黑色的沃土;用自己的智慧,书写着斑斓的生活;用自己的坚守,挥洒着卫士的豪情。一位上岗的战士这样描述自己的哨位:"我站的哨位,是在祖国东方的边界线上,守护着的是祖国东方的和平之门,保护的不仅仅是驻地人民的安宁,更是祖国千家万户的平安。每当仰望这里的星空时,我会将美丽的梦想点亮得像星星一样闪亮,寄予美好的祝福,祝福我们伟大的祖国繁荣昌盛,国泰民安。"

在全体官兵的共同努力下,中队被总队评为标兵中队。

 **读后拓展**

1. 你参加过天安门广场或所在城市的升国旗仪式吗?你知道国旗护卫队的故事吗?请向同学们介绍。

2. 青少年要增强反恐意识与自卫能力。比如,在重大节假日里尽量减少在人群密集场所的逗留时间;发觉某件放在公共场所的物品有异样时,应尽量远离并报警;偶遇暴恐突发事件时,不围观,沉着冷静,果断逃避,并及时报警;如遭恐怖分子或歹徒裹挟,暂作顺从,寻机逃离,并报警求助……

你还有哪些反恐、防暴的方法或建议?请罗列出来,与同学们分享。

7. 抢险救灾 不负人民养育情

> 坚如磐石的军政军民团结，永远是我们战胜一切艰难险阻、不断从胜利走向胜利的重要法宝。"军民团结如一人，试看天下谁能敌"，永远是颠扑不破的真理。
>
> ——习近平

2016年入汛以来，南方发生20多次强降雨过程。受长江流域持续强降雨袭击，湖北、江苏、安徽、江西沿江地区多处发生洪涝灾害。灾情就是命令。陆军、海军、空军、火箭军、战略支援部队等部队以及各受灾地区省军区、军分区、人武部官兵和民兵预备役人员，根据汛情和救灾需要，迅速奔赴防汛救灾第一线，救助遇险群众，奋力排除险情，发扬我军能打硬仗的光荣传统，发挥了突击队的作用。

抗洪抢险救灾中的解放军官兵

武警湖北、安徽、江苏、江西总队等任务部队，就近调集数千名官兵紧急赶赴一线，武警水电部队、武警交通部队多路并进、多点出击，迅速展开抗洪抢险。武警湖北总队15个支队投入数千名官兵，他们携带救援装备，分别奋战在武汉城区、黄冈麻城、随州广水、荆门钟祥等受灾严重地区。武警江苏总队第一时间调集500余名官兵，紧急出动展开抗洪救援。武警江西总队九江支队出动200多名官兵，科学处置险情，确保京九铁路安全运行。

作为国家应急救援专业力量,武警水电部队闻令而动,7 200 余名兵力,1 300 余台(套)装备,星夜驰援,一场场防汛抗洪抢险救灾硬仗在受灾省份接连打响。

新闻现场 国防部新闻发言人称,面对近日各地持续不断的汛情,解放军和武警部队官兵全力投入防汛抗洪抢险救灾工作。如 2016 年 7 月 27 日,军队和武警部队共出动官兵 53 574 人,包括军队 12 563 人,武警 41 011  人,组织民兵 9 037 人,动用工程机械 1 152 台,冲锋舟 551 艘,直升机 1 架,车辆 3 191 台,在多地参加抗洪救灾,共转移救助群众 9 730 人,巡诊救治 1 980 人,抢救物资 170 吨,搬运土石 2.4 万立方米,抢通道路 20.2 公里。

发言人表示,目前,任务部队官兵正坚守在抗洪一线,高度戒备,全力以赴,中国军队有信心、有能力坚决完成党和人民赋予的防汛抗洪抢险救灾任务。

吃馒头的兵哥哥

下面这张照片拍摄于 2016 年 7 月 4 日,地点位于湖北省黄梅县太白湖大堤。坐在最前面吃馒头的战士,名叫谢永富,是中部战区陆军某舟桥旅班长。而他的双胞胎弟弟谢永贵,同样是该连一名班长。兄弟俩是广东清远人,父母取名永富永贵,是希望兄弟俩永远富贵,希望他们一个从商一个从政,而他俩毅然选择了报国参军。入伍七年以来,通过努力拼搏、刻苦训练,兄弟俩成长为专业技术能手,哥哥是一名熟练的

吃馒头的兵哥哥

舟桥作业手,弟弟是一名冲锋舟操作手。他俩还在旅基础课目比武中大显身手,哥哥绳索连接全旅第二,弟弟四百米障碍全旅第三。由于综合素质过硬,带领所属人员完成任务出色,他俩先后加入了中国共产党。

2016年7月1日,湖北麻城告急,部队赶赴黄土岗执行搜救转移任务,弟弟谢永贵被连夜派往灾区。面对夜色如墨的遍地汪洋,身为党员的谢永贵不顾危险,在视线范围只有一两米的情况下,不知疲倦地驾驶冲锋舟穿梭于狭窄的巷道中,搜救被困群众直到清晨。

为了堵住管涌,尽快排除险情,谢永富率先跳入水中,打桩、填沙袋,再打桩、再填沙袋。六十多斤的沙袋,背运到堤坝上叠在一起,再跳进水里把沙袋一层一层往前填,最后用脚踩实。而最外侧的人员最危险,很可能一脚踩下去就整个人淹没在水里。尽管大雨滂沱,谢永富和战友们为作业方便宁可不穿雨衣,不知疲倦地背运沙袋。由于场地泥泞,整个人成了泥人,硬是把丛林迷彩服穿成了荒漠迷彩服。

临近午饭时间,当地老百姓自发组织给官兵们送来一大袋馒头和矿泉水,满怀心疼地劝官兵停下来吃口饭。但直到险情得到缓解,战士们才停下手中工作,接过馒头和矿泉水,顾不上泥浆和雨水,直接啃了起来。此时,已是下午14:20,而他们已经连续搬运沙袋5个多小时。照片中的"馒头哥"谢永富,就是在这时被现场一位记者无意中抓拍到的。

照片被各大媒体争相转载,在朋友圈疯传,这位吃馒头的兵哥哥也迅速成了网络红人。谈到无意之中变成"网红",谢永富表现得很淡然,他说:"是'抗洪抢险模范旅'的精神鼓舞了我,激励了我,我只是用实际行动践行了一名党员的诺言,没什么特殊的,也没想过被这么多人关注。"

兄弟俩奋战在一起,用实际行动彰显舟桥兵的英雄模样。

"汶川空降兵15勇士"

2008年5月12日,汶川大地震发生后,位于震中的汶川、茂县等地区通信和交通中断,与外界失去了联系。这时,从党中央、国务院,到普通老百姓,都迫切想知道灾区的具体情况。

一架大型运输机从成都某军用机场起飞,飞向"孤岛"茂县上空。这是我空军首次在高原复杂地域,无地面指挥引导、无地面标识、无气象资料条件下运用伞降方式参加抗震救灾。空降兵某部15名先遣队员在这"三无"条件下,成功空降到四川省茂县地域。

云雾重重,山高谷深,缺乏地面引导,在海拔4 999米的高空强行空降,世界罕见。一般的跳伞高度在1 000至2 000米之间,而这次却是在4 999米的高空,尤其是在

勇士们从4 999米高空跃下

恶劣的气象条件以及复杂的地形环境下,这完全是在用生命搏斗。4 999米高空,对空降兵意味着什么?这是死亡抉择!在4 000米以上高度跳伞,空降兵会缺氧,而缺氧带来的后果是让人瞬间丧失知觉或神志不清。4 999米高空,还意味着从云层上往下跳,这是空降兵最忌讳的。因为云层阻挡了视线,遮盖了地面的地形地貌,在不清楚地面的情况下,空降兵很有可能落到极其危险的地方,比如电线上、崎岖的山涧中、激流中。

11时47分,大校军官李振波第一个跳出机舱。他操作自己研制的灵活抗风的武装翼伞,带领14名空降勇士迅速飞向震中预定地域。

收伞,集结,机动。半小时后,李振波带领小分队与茂县县委、县政府取得联系,并担负起灾情勘察、情况上报等任务。

随后,他们马不停蹄向汶川进发。余震、泥石流、寒冷、饥饿,像一只只猛虎,随时可能夺走他们的生命。

伞降时他们每人负重20多公斤,带5部电台2部卫星电话,却只给自己带了一点点伞兵干粮,走哪吃哪,有啥吃啥,碰到老乡就一起喝点稀粥。

翻山越岭,跋山涉水,星夜兼程,极度疲劳使队员们体力下降,感冒、发烧、烂裆,每一步行走愈发艰难。6天6夜,大伙儿相互鼓励,徒步走过2个县7个乡50多个村庄,及时上报大量灾情信息。行至汶川与茂县交界处的偏僻村庄牟托村时,队员们发现巨大的山体几乎全部滑下来,埋住了20多辆车,路上还滞留着大量群众,河对岸的四川音乐学院的47名大学生受困,多数人受伤,一人伤势很重。此时,山体随时可能再次发生严重滑坡,把学生全部埋住。李振波赶紧把这一情况上报,并建议派直升机前来救援。

汶川空降兵15勇士

紧急开辟机降场!队员们勘察、选点,终于找到一块净空条件较好的平地。定好坐标,组织群众和对岸的学生马上平整场地,画出十字形的直升机联络符号,用对空电台与飞行员取得联系,引导直升机机降,运送物资,转送伤员。就这样,他们一路上共开辟直升机机降场地10处,引导伊尔运输机空投4架次。

行至七星关景区,队员们发现这里滞留了300多名游客,断粮缺水,情况十分危急!"你们不能再等下去啦,现在就跟我们走!"李振波迅速勘察地形,并果断护送游客出山。当爬出险峻的大山望见通向外界安全的大路时,游客在李振波的身后欢呼起来。队员们又赶紧用卫星电话给游客的家里报平安。一会儿工夫,300多名游客的家人都在第一时间获悉平安的消息。

让我们记住这些英雄的名字:大校李振波,少校王君伟、于亚宾,四级士官雷志胜,三级士官刘志宝、殷远、王磊、任涛,二级士官郭龙帅、李亚军、赵四方、刘文辉、李玉山,一级士官向海波、赵海东。

参加抢险救灾,是人民军队履行历史使命和根本宗旨所在,是满足和平时期国家利益的需求,是保护人民群众生命财产安全的需要。新中国成立以来,人民解放军坚决执行党中央、中央军委的命令和指示,奋勇参加各种抢险救灾,充分发挥了主力军和突击队的作用,最大限度地减少了灾害给国家和人民造成的损失,保卫了改革开放和现代化建设的成果,维护了改革发展稳定大局,检验和锻炼了部队快速动员和遂行作战任务能力,密切了军政、军民关系,展示了人民军队的良好形象,为构建和谐社会发挥了重要作用。

抢险救灾,既是战场,更是考场。每一次迎难而上的出征,都是人民军队本色的生动展现;每一次舍生忘死的救援,都是人民军队宗旨的忠实践行。进与退中,书写出对人民的满腔赤诚;生与死中,诠释着对人民的大爱情怀。

解放军来自人民,为了人民,是人民的子弟兵,与人民血脉相连。自诞生之日起,就把"一切为了人民"写在鲜红的军旗上,装在官兵的心坎里,作为一切奋斗的出发点和归宿。这是人民军队代代相传的红色基因,是我们从胜利走向胜利的制胜密码。为什么灾难面前,党和人民首先想到的是子弟兵?为什么人民军队的救援行动,被称为"世界上任何一支军队无法复制的奇迹"?答案就在这里。只要祖国和人民需要,人民子弟兵就必定义无反顾、挺身而出,就必定不负重托、不辱使命。

今日践行

一座雕塑折射出一个连队与一条街道、一个城市和一座军营的血脉相连。从进入上海睡马路、霓虹灯下坚守本色,到城市建设每个角落留下身影,在上海人心目中,"南京路上好八连"始终占据着无可替代的位置。

"我们生活的一部分"

一年四季，不论刮风下雨，不论严寒酷暑，每月的10号、20号，八连"为民服务班"都会雷打不动地出现在繁华的南京路上，为驻地居民和过往群众提供补鞋、磨刀、理发、缝纫、量血压等服务。

南京路上好八连雕塑挺立在大上海

"理发箱，补鞋箱，木工箱，缝纫机"，是连队为民服务的传统课目。作为补鞋箱第36代传人，张文涛的补鞋技术堪称一流。因为补鞋时需长时间低头弯腰，故大家又亲切地笑侃他为"骆驼祥子"。

又是一个为民服务日。一大早，张文涛就和战友们来到南京路，刚摆开工具箱，就接到第一笔"买卖"。"小伙子，麻烦帮我补补鞋。"一位中年妇女手中提着5双鞋，站在摊位前。张文涛满手都是502胶水，衣服早已被汗水湿透。清理着手掌上被502胶水腐蚀的死皮，张文涛仍一脸阳光："我是祥子，我骄傲！"

服务现场，"好八连"战士手中补鞋机的嗒嗒声，磨刀石的霍霍声，理发推的嚓嚓声，吸引来附近许多老年居民。"他们变成了我们生活的一部分。"

古老而又现代的南京路，记录着一个连队60多年如一日忠诚于党、热爱人民的风雨历程。从老城区搬迁到郊区的老居民坐公交车又换乘地铁，走两个多小时来到南京路，就是为了让好八连的战士再理一次头发，再聊聊过去的情谊。

南京东路云中居委有位叫郑桂梅的侨眷，老伴常年瘫痪在床，八连官兵定期上门为老人理发、打扫卫生。老人去世前的最后一次理发，就是八连战士童董良理的。郑奶奶远在巴西的弟弟得知后十分感动："姐姐的最后一程有亲人陪伴,也不孤单了。"

由八连发起的每月 10 日、20 日到南京路为民服务活动坚持了 30 年,与云中居委会孤老结对帮扶坚持了 29 年,资助山东省沂水县老家圈乡中心小学坚持了 20 年。近年来,"好八连"先后被评为"全国学习雷锋、志愿服务先进集体"、全军学雷锋标兵集体、全国扶残助残先进单位。

 读后拓展

1. 最让西方军事家不能理解的是,抢险救灾现场上中国将军们的表现太不可思议:空军伞降部队在全然不明地势、世界绝无仅有的高度,第一跳的是部队长;在摇摇欲坠即将再次坍塌的高楼下,穿梭救人中有带队的将军;赈灾现场,70 多位将军的背影与废墟瓦砾、断墙残壁融为一体……

你能帮助西方军事家解决上述困惑吗?

2. 请为下面的图片配上解说词。

8. 走出国门　奋战维和第一线

> 和平是人类共同愿望和崇高目标。联合国维和行动为和平而生，为和平而存，成为维护世界和平与安全的重要途径。
>
> ——习近平

维护和平——中国蓝盔义无反顾

在人民军队 90 年的光辉征程中，有一个年轻的群体，他们头顶蓝盔远征万里，不畏生死捍卫和平。这就是联合国中国维和部队在南苏丹朱巴，联南苏团 UNHouse 营区 4 号哨位。渐黑的天空下，我维和步兵营一个战斗班正在警惕地注视四周。此时，已经是北京时间 2016 年 8 月 1 日 0 时，9 名士兵在哨位上迎来了人民军队的生日。

21 天前，同样在这个哨位，我赴南苏丹维和步兵营一辆步战车遭火箭弹袭击，李磊、杨树朋不幸牺牲，5 名战士受伤。

参加联合国维和行动 27 年来，李磊、杨树朋分别是中国军队在维和前线牺牲的第 12 名、第 13 名维和军人。

这 13 名烈士，或是在执行任务中不幸牺牲，或是在空袭中遇难，或是在任务区染病去世……他们用行动兑现了忠诚履行使命、维护世界和平的誓言，用生命为八一军旗增添了血染的风采。

和 13 名烈士一样，27 年来，数以万计的中国军人不畏艰险，前赴后继，为饱受战火蹂躏的维和任务区民众撑起了一片片和平的蓝天，向世界展现了中国负责任的大国形象，彰显了中国军队坚定维护世界和平的郑重承诺。

今天，中国是联合国安理会常任理事国中派出维和人员最多的国

中国维和部队

家,也是承担联合国维和摊款最多的发展中国家,出资额在联合国所有成员国中位居第二。

随着综合国力的不断提升和军队现代化建设的逐步推进,越来越多的中国军人将佩戴蓝盔,投身崇高的国际维和事业。

中国维和部队在非洲

"中国军人的胸怀像喜马拉雅山一样博大。"乌克兰和尼泊尔军队盛赞中国维和工兵。原来,在黎巴嫩,中国维和部队进驻的营区曾是乌克兰和尼泊尔分队驻地,营区留有东欧风格的壁画、宗教题材图案和尼泊尔军维和牺牲人员纪念碑,虽然营院必须改造,但中国维和人员完好地保存了壁画和纪念碑。

"中国维和部队是联合国任务部队中水平最专业、效率最高、训练最有素和最守纪律的队伍。"瑞典斯德哥尔摩国际和平研究所发表研究报告称。该报告强调,中国在维和行动中的优良形象,提高了联合国维和行动的效率,加强了维和行动的合法性。

"中国部队最令我放心。"联合国刚果(金)维和特派团司令也说。联合国主管维和事务的副秘书长苏和多次表示,相信中国维和人员将一如既往地表现出良好素质,继续为联合国维和行动作出突出贡献。

中国国防部维和中心揭牌,为培训外国维和人员和进行国际交流提供了重要平台;中国军队参与蒙古国军队举行维和联合训练,开创了我军与外军维和联训的先河,此外,中国军官经常参加在世界各地举办的各类国际性维和研讨会和专业培训,一些军官还走出国门为联合国组织的维和培训活动授课。

中国还向联合国总部和维和任务区派出合同制军官,也在各个领域发挥着中国式的智慧。

中国维和军人的"文明之师""威武之师"形象深入人心;中国维和,正在向纵深发展。

"90后"士兵的维和日记

"那沉甸甸的和平荣誉勋章,见证了一个又一个被战火和艰辛浸泡过的昼与夜。尽管我们在昂松戈的32个兄弟为早日完成施工任务,不能回去参加授勋,但依旧感到光荣……当地时间3月25日深夜,西非马里昂松戈地区。"

这段文字的作者,是沈阳军区第十六集团军某工兵团下士管泰然。

他和战友完成当天施工任务后,伴着战友的鼾声,记录下的一天的经历和感悟。

在高温难耐、蚊虫肆虐的西非大漠,在持续的冲突对抗中,在时刻面临生死考验的维和任务区,这名"90后"士兵,坚持用笔记录下官兵的维和经历。他所撰写的9万余字日记,立体呈现了中国军人的维和使命与担当。

日记摘录之一:"正准备收工,一群'不速之客'云集而至。这些蚊虫在探照灯下越聚越密,老远就能听到它们撞向灯柱时发出的'噼啪'声。除了疯狂地扑向灯柱,宿营地板的房门窗,也成了它们玩命攻击的对象。"

日记摘录之二:"狂风夹杂着沙粒,一刻不停地抽打在身上脸上,虽然戴着护具,可鼻子、嘴里钻的都是沙子,喘气都困难。""脚下的黄沙深深浅浅,啃坏了我们一双又一双迷彩战靴。如果把战靴集合起来,相信它们将站成一个中队。磨损最快的还是手套,几乎三五天就洞连着洞了。"

中国维和战士为当地百姓服务

日记摘录之三:"报告声还没有落地,'轰'的一声巨响,撕破了昂松戈的寂静。刚放下锹镐、手钻的兄弟们,顾不上擦一把脸上的汗泥,就顶起钢盔,穿上防弹衣,压弹上膛。""正当我面向祖国的方向,仰望祖国、问候亲人时,一阵密集的枪声响过,来不及把情感一一铺开,便被眼前的现实惊醒。""清晨4点,我们被炮弹的爆炸声惊醒,板房不停地晃动,通铺也猛烈地颤动着。"

 **专家点评**

在每一个联合国维和任务区,中国"蓝盔"部队不仅是和平的守护

人,更是友谊和文明的传播者。他们以自己的实际行动,彰显中国"爱和平,负责任"的大国风范,展示出中国军队"威武之师,文明之师,和平之师"的良好形象。

中国参与联合国维和行动,还有一个明显特点:走出国门的都是工兵、医疗、运输等保障部队,从没有一支进攻性部队踏上异国他乡的土地。这清楚地表明,中国政府主张促进共同发展,建立和谐世界的外交理念。

联合国负责维和事务的副秘书长说:"近年来,中国已成为联合国维和行动的重要贡献者,联合国将继续寻求同中国在维和领域的合作。"他还说:"中国维和人员装备精良、训练有素、纪律性强,为完成维和任务作了充分准备。他们不仅为联合国工作,也在维和任务区同当地民众建立了良好关系。"

听着枪声入睡,闻着硝烟醒来

这是一段让维和战士张玉雷刻骨铭心的经历。

第一次执行任务,目睹难民营爆发大规模武装冲突,鲜血把眼前的土地染得殷红。曾经在国内不顾个人生死、爬冰救人的张玉雷,竟然愣在了当场,直到连长一声令下才反应过来,冲入暴乱的人群。

仅仅是不怕死还远远不够！短短几秒钟，让张玉雷和战友们对战斗精神有了新的认识。

"和平环境下培育的战斗精神，一定要与战场无缝对接。"营长王震感触地说，"真正走上战场，看到鲜血，才是真考验。"

迎着枪声前行，向着危险"逆行"。见惯了鲜血，熟悉了战场，官兵们快速成长为不畏战、能胜战的勇士。

奉命执行联合国要员守卫任务的排长王继伟，每晚都要准备随时应急出动。一个月下来，他一听枪声，就能对射击位置、距离以及枪型等，分辨个八九不离十，什么情况都能处变不惊，沉稳应对。

担负朱巴城区巡逻任务的上士张辉辉，每天穿越在冲突暴力事件多发的街头、集市，经常与各方武装力量直面相对。一次，一个高大威猛的暴徒袭击难民，矮个头的张辉辉赤手上阵，一把就将暴徒摁倒，押送到附近警察局。

连长李双带队护送救济粮，遇到武装分子肩挎长枪窥视。他一边冷静组织人员观察，一边有序组织步战车编队前出至运粮车两侧，实施侧翼掩护，使这伙武装分子始终不敢轻举妄动。一位当地雇用的运粮司机感慨地说："中国军人最勇敢，有你们护卫最安全。"

 **读后拓展**

做一名合格的中国维和战士，你认为应该具备哪些素质？

第二章
听党指挥　军魂永驻

1. 强军兴军　人民军队忠于党

> 建设同我国国际地位相称、同国家安全和发展利益相适应的巩固国防和强大军队,为"实现两个一百年"奋斗目标、实现中华民族伟大复兴的中国梦提供坚强力量保证。
>
> ——习近平

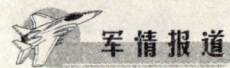
军情报道

当今世界正面临着前所未有的大变局;当代中国正处在由大到强的关键阶段。我们正前所未有地走近世界舞台中心,正前所未有地接近实现中华民族伟大复兴的目标,正前所未有地具有实现这个目标的能力和信心。

我国周边形势总体稳定,但面临的风险挑战十分严峻,家门口生乱生战的可能性增大;海上安全环境更趋复杂,东海、南海暗流涌动;生存安全问题和发展安全问题、传统安全威胁和非传统安全威胁相互交织。维护我国国家统一、领土完整,维护国家发展利益的任务艰巨繁重。没有一个巩固的国防,没有一支强大的军队,和平发展就没有保障,中国梦就难以实现。

非传统安全挑战不断干扰我国的经济发展和社会稳定,如大规模杀伤性武器扩散、网络攻击、太空武器竞赛、"三股势力"、恐怖袭击、能源短缺、气候变化、海外公民和企业的安全保障、走私贩毒、公共卫生、食品安全,等等。其中比较突出的问题有:能源资源的稳定供应和运输安全问题严峻;核扩散、核材料流失和走私风险增大;生态环境问题成为影响社会稳定的重要因素;网络安全问题日趋严重……这些非传统安全挑战如果处理不好,就可能转化为传统的军事安全问题,从而引发冲突甚至战争。

南海问题,指的是南海周边的 6 国 7 方,即中国大陆和中国台湾、越南、马来西亚、印度尼西亚、文莱和菲律宾,在南海岛礁归属和海域划分上存在分歧和争端。南海问题是中国在海上面临的重大挑战之一,也是一个长期困扰中国发展,制约中国走向海洋的重大安全问题。

我南沙群岛守卫战士

中国最早发现、命名南沙群岛,最早并持续对南沙群岛行使主权管辖,对南沙群岛及其附近海域拥有无可争辩的主权。南沙群岛总共有 230 多个岛屿、沙洲和礁滩,面积比较大,在涨潮时仍能露出水面的有 11 个岛和 5 个沙洲,但这些条件比较好的地方都不在中国大陆的实际控制下,除了太平岛由中国台湾控制,其他都被越南、菲律宾、马来西亚侵占。此外,还有一些大国或明或暗地插手和涉足。

名词解释

钓鱼岛问题

  钓鱼岛及其附属岛屿,位于我国台湾省基隆市东北约 92 海里的东海海域,主要由钓鱼岛、黄尾屿、赤尾屿、南小岛和北小岛及一些礁石组成。

  钓鱼岛及其附属岛屿,自古以来就是中国的固有领土,中国对此拥有充分的历史和法律依据。20 世纪 60 年代末,联合国远东经济委员会通过调查,得知钓鱼岛附近储存着丰富的石油和天然气。对钓鱼岛窥视已久且资源匮乏的日本,便封锁该岛,不再让中国渔船进入。自此形成钓鱼岛问题。

  2016 年 12 月 10 日上午,中国空军飞机经宫古海峡空域赴西太平洋进行例行性远海训练时,两架日本 F-15 战斗机对中方飞机实施近距离干扰并发射干扰弹,危害中方飞机和人员安全。中方飞行员迅即采取必要应对措施,并继续开展相关训练。

  众所周知,宫古海峡是公认的国际航道,中国空军远海训练并不针对任何特定国家和目标,符合相关国际法和国际实践。日本军机屡屡挑衅,干扰中国空军的正常训练,并且常常倒打一耙,渲染中国威胁。

日本军机的行为是危险的、不专业的，破坏了国际法赋予的航行和飞越自由。

这是2016年以来中日战机第二次发生空中近距离干扰事件。两次均以日机发射干扰弹逃逸画上句号，一则说明中国军机在与日本F-15战机缠斗中占据上风，二则显示中日战机空中摩擦次数越来越接近实战。为此，中国国防部发言人表示，日本舰机的多次干扰活动极易导致误解误判，引发海空摩擦甚至冲突。我们敦促日方从维护地区稳定和中日关系大局出发，切实采取有效措施，防止发生海空安全事故。

相关链接

韩美在韩国部署萨德导弹防御系统

萨德系统实际是美国弹道导弹防御体系（BMDS）的重要组成部分。萨德系统是一种典型的动能杀伤反导系统。

美国麻省理工学院科学、技术和国际安全名誉教授西奥多·波斯托尔指出："部署'萨德'，损害了韩国及亚洲其他国家乃至美国的安全，将导致美国、韩国与中国之间的政治关系严重紧张。美国试图在韩国的帮助下把中国作为导弹防御系统的目标，将极大影响中国对韩国和美国的态度。"

中国外交部发言人表示，我们已多次表明严正立场。中方坚决反对美韩在韩国部署"萨德"反导系统；中方将坚决采取必要措施维护自身利益。

中国"最牛"试飞员

作为军人，李中华是优秀的。他有高超的试飞技能，能完成世界顶尖试飞员才能完成的科目。他有良好的心理素质,无数次在空中临危不乱、化险为夷,保住了价值数亿元的国家财产,为我国新一代战机的研发立下了汗马功劳。他有扎实的理论功底,不仅会飞,而且懂飞机,是名副其实的"专家型"试飞员。

"最牛"试飞员李中华

作为男人,他同样是优秀的。他酷爱运动,滑旱冰、滑冰、篮球、羽毛球,都玩得有模有样。他热爱生活,会费尽周折从俄罗斯带回油画和画框,有空就背上相机去拍照,喜欢读最新的报告文学和小说。护士节时,他会采花送给妻子。晚饭后陪妻子散步,出差前把冰箱塞满,把玻璃窗擦得透亮。儿子学围棋,他不仅来回接送,还亲手给儿子做围棋棋盘。

这样的军人,和我们传统印象中的军人有些不一样。时代在前进,军人也一样。新时代的中国军人就应该是这样的:既精于业务,又懂得生活;既为祖国效忠,又对家庭负责;不忘传统,更紧跟时代。李中华,就是当代中国军人的典范。

"这个中国军人真是个可怕的对手!"

初春,苏北某山地射击场上,一名黑黝黝的上尉军官格外引人注意,只见他身手敏捷,快速占领有利射击地形,数声枪响,靶标一一击落,赢得战士鼓掌喝彩。

这名上尉军官,就是"坚守上甘岭钢铁英雄连"的连长陈蒙祥。在哥伦比亚参加第47期国际狙击手比赛场上,他顽强突击,取得了对移动目标狙击、战术狙击等三个课目单项第一,昼间430米、550米、680米、1300米射击、夜间300米射击五个课目单项第一的优异成绩,让国内外同行刮目相看。通过不懈努力,他摘得"国际狙击手"勋章。

那次集训,不仅有国内高手,还有哥伦比亚、阿根廷、巴西等国的狙击精英和总教练。强强对决,唯有全力以赴,才有胜出的可能。集训中,他和队员们每天穿着十几斤重的吉列服训练,衣服从早湿到晚。集训规定,周一到周六每天不少于18个小时的训练,逢练必考,现场公布成绩。面对生理、心理上的双重考验,陈蒙祥暗下决心:"出了国门就代表中国军人的形象,我要把'上甘岭'精神再次展现给全世界!"

中国特种兵

带着组织的期望,带着家人的鼓励,最终陈蒙祥踏上了出征的道路。哥伦比亚地处热带,40多度的高温下,蚊虫、毒蛇蔓延,环境极其艰苦。为练好据枪稳定性,陈蒙祥在草丛中一趴就是半天,任凭毒虫叮咬,纹丝不动。那段时间,陈蒙祥全身都被叮咬得浮肿、溃烂,至今还留有黑色的疤痕。艰辛付出换来丰硕成果,他再度夺得昼间430米、550米、680米、1 300米射击、夜间300米射击五个课目单项第一。

集训中期,转战高原。在海拔3 000多米的高原进行高寒训练,随着海拔的升高,气温骤降30多度,陈蒙祥衣着单薄,手脚被冻裂浮肿,身体出现许多不适应。由于训练强度加大,产生了高原反应,他开始头晕、呼吸困难、肺部疼痛,脸色变得惨白。哥方教官要求他停止训练,接受军医治疗,集训队友们也纷纷劝他放弃训练。陈蒙祥却凝重道:"特种兵的字典里就没有放弃！中国军人更不可能认输！"

两个月的时间，陈蒙祥瘦了10公斤。他凭借惊人的毅力和胆识，先后完成了狙击理论、心理、体能、技能和战术五大部分共27个课目的培训课程，其中包含30米高空机降、高寒训练、运动下快速狙击等高危训练课目，顺利通过考核并获得"国际狙击手"勋章。结业典礼上，一些外军队员纷纷夸赞："这个中国军人真是个可怕的对手！"

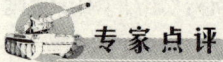

兵者，国之大事。在我们党领导中华民族伟大复兴的进程中，特别是在当前国际国内形势发生深刻变化的情况下，建设巩固国防和强大军队，关系到社会主义的前途命运，关系到党和国家的长治久安。

以强大军队支撑国家崛起，是世界大国崛起的基本条件。而近代中国之所以受尽欺凌，军事力量的孱弱是重要原因。今天，我们要实现的中国梦，实际上就是强国梦，对军队来说，就是强军梦。没有一支强大的人民军队，没有一个巩固的国防，强国梦就难以真正实现。

面对可能掉入"修昔底德陷阱"的重大挑战，一方面，我们要高举和平发展的旗帜，努力为改革发展创造和谐的国际环境；另一方面，也要尽力做大、做强军事实力，以强大军力作为"压舱石"，确保无论敌手是否乐意、国际环境是否宽松，都能实现中国的和平崛起。

名词解释

修昔底德陷阱

公元前5世纪，雅典急剧崛起，震惊了当时陆地霸主斯巴达。双方之间的威胁和反威胁引发竞争，长达30年的战争结束后，两国都被毁灭。

对此，古希腊著名历史学家修昔底德认为，"使得战争无可避免的原因是雅典日益壮大的力量，还有这种力量在斯巴达所造成的恐惧"。

翻译成当代语言，就是：一个新崛起的大国必然要挑战现存大国，而现存大国也必然来回应这种威胁，这样战争变得不可避免。

应引起注意的是，我军现代化水平与国家安全需求相比差距还很大，与世界先进军事水平相比差距还很大。这些年，一些国家之所以在主权问题上敢于挑战我们的底线，尽管有着复杂的原因，但说到底，还是与我们的军事实力不强有关。

中国共产党是中国特色社会主义事业的领导核心。历史已经证明并将继续证明，只有中国共产党才能救中国、才能发展中国。但是我们也必须看到，伴随着中国的发展，一些西方国家不断加大西化、分化的力度，加紧对我国策动"颜色革命"，加紧实施网上"文化冷战"和"政治转基因"工程，妄图颠覆中国共产党的执政地位。面对的风险越大，就越需要军队的鼎力保卫和支持。枪杆子里面出政权，枪杆子也能保政权。把枪杆子搞强了，党的执政地位才能稳如泰山，我国的社会主义大旗才能屹立不倒，共产主义运动才能一直向前。

推进强军兴军实践，是军队在新形势下的浴火重生。完成这样的重生，需要弘扬长征精神、航天精神等，向思想解放要动力。在思想深处、灵魂深处，进行一场革命，寻求思想上的大解放、观念上的大更新。

今日践行

从甲午战败，到红军长征胜利，到抗日战争胜利、全国解放，再到中国实现全面小康，不过近百年，还是那个民族，还是靠自己，为什么会发生脱胎换骨的巨大变化？许多人在追问。其实中国共产党人及其革命军人，从登上历史舞台那天起，就把这个谜底鲜明地写在了自己的旗帜上。党领导的红军将士用信仰与忠诚，给了世界这样一个奇迹。他们都坚信，自己是一个伟大事业的奋斗者，都坚信中国革命一定能胜利。漫漫长征途中，信仰比阳光、水和粮食更重要。正是心中怀着不灭的火炬，他们才像种子一样生根发芽，并最终绽放了整个春天。

信仰与忠诚靠行动来诠释。法国思想家罗曼·罗兰讲："信仰不是一种学问,而是一种行为,她只有被实践的时候,才有意义。"长征就被所有的红军将士赋予了这样的意义。大渡河铁索上匍匐前行的勇士,草地里用自己的身躯为队伍铺路的烈士,雪山上把石头装进口袋冒充干粮的战士……他们用鲜血、生命,诠释着什么叫心中的信仰,什么叫追随的忠诚。

梦想仍在远方,路途依然艰难,前行需要力量。强军兴军的伟大实践,需要我们这一代人传承红军将士的血脉,用具体行动续写这种信仰与忠诚。

我军是执行党的政治任务的武装集团。对于人民军队来说,信仰与忠诚最核心的,就是坚持"党对军队的绝对领导"这个永远不变的军魂。在这个问题上,不管在什么时候、任何情况下,我们都不能有丝毫的游移和动摇,必须坚定对党中央、中央军委和习主席的高度信赖,确保绝对忠诚、绝对纯洁、绝对可靠。要不断强化政治意识、大局意识、核心意识、看齐意识,做到在理想信念上忠贞不渝,在价值追求上执着永续,在方向原则上立场鲜明。

要把对党的忠诚与追随,写在踏石留印的每天、每项工作中。切实把共产党人、革命军人的标准树起来,做一名名实相符的老实人;把知、行统一在自己的行动中,做一名身体力行的战斗员;把慎终如始贯穿于事业的追求中,做一名持之以恒的耕耘者。

读后拓展

信息:瑞士国土很小,人口很少,为什么能在两次世界大战中免于灾祸,保持中立?据该国一位外交家的说法是:瑞士公民迈出右脚是一名百姓,迈出左脚就是一名战士。他们没有遭受外敌入侵,就是因为他们随时都在准备打仗。

请结合我国兴军强军内容,联系上述信息,以简明文字(不少于100字)注解下面的图片。

第二章 听党指挥 军魂永驻

2. 纪律严明 责任使命记心间

> 要把理想信念在全军牢固立起来,适应强军目标要求,把坚定官兵理想信念作为固本培元、凝魂聚气的战略工程,把握新形势下铸魂育人的特点和规律,着力培养有灵魂、有本事、有血性、有品德的新一代革命军人。
>
> ——习近平

 **军情报道**

和平时期,每次国内的大灾小情,都能看到中国人民解放军的身影。有了他们,就有了绿色,就有了希望,就无法让我们对任何自然灾害产生恐惧。而解放军也从来没有让人民失望过,他们屡建奇功,勇创奇迹,每每让许多媒体和专家觉得不可思议。

在中国,解放军号称人民子弟兵,因为我们是义务兵役制。在军人的职责里,任何对人民群众生命、财产的安全产生威胁、影响的因素,都在人民解放军的保护范围之内,这其中就包括动乱、外敌入侵和自然灾害这些方面,除了采用的应对方案不同以外,其保护的宗旨是一样的。这与许多西方国家的军人雇佣制,在责任心和保护目标上就已经有了根本区别。

> 一位解放军战士,奋力参加三个月的抗洪抢险,任务完成后有两天探亲假。回到家中,妻子、儿子都认不出他,有的只是心酸、心疼;而战士只是澈澈一笑:"我是国家的堡垒,我是人民的子弟兵。"
>
> ——摘自《解放军报》

中国人民解放军的思想教育一直是过硬的。解放军虽然经过现代化建设的不断改进,兵种、建制与过往有很大的不同,但仍然保留了连、营有指导员,团、旅、师等有政委这一职务。指导员、政委的职责,一是

抗洪救灾第一线，休息在屋檐下的战士们

党和国家的喉舌，宣传党的路线和政策；二是负责掌握官兵的生活、思想、情绪、困难和部队的士气，负责每次重大任务的动员，可以说是部队中特别的心理专家。这是中国人民解放军总是保持高昂士气的重大原因之一。

中国人民解放军是一支有着优良传统的军队，每一级的建制：军、师、团、营、连，甚至班、排，都有着自己的光荣历史。在每个军人的心目中，自己所在建制的荣誉是高于一切的，这是他们非常引以为豪而甘愿为了捍卫这种荣誉随时牺牲自己的一切，包括宝贵的生命。我们常常能看到"铁军""黄继光连"这样的军旗。

部队是集体，战友是最亲近的人。集体荣誉、团结协作、战友情谊，是军人的三大素质。一位曾参加过自卫反击战的战士回忆说，刚上战场时怕得要死，连晚上"方便"都要拎着枪。第一场战斗，枪一响，他就一头栽倒在地上发抖，冲锋时也是冲在最后。跑着跑着，前面有战友倒下了，身上汩汩地冒着血，嘴里还大喊着："给我冲啊，冲上去揍这帮兔崽子！"还有的子弹打到头上，一下子红的白的都出来了……"当时我的眼睛一下子就红了，害怕、疲劳都没有了，就想第一个冲上去杀！杀！"因为平时战友之间有着那么深的情感。

人民军队，让人民群众放心、爱戴；人民军队，让人民特别自豪！因为这支军队，服从命令听指挥；战无不胜，攻无不克；勇于保护人民，保卫我们的祖国！

训练有素,整齐划一

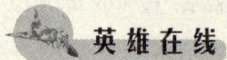

共和国名片:中国三军仪仗队

中国仪仗兵以过硬的素质、严明的纪律和优良的作风,将东方古国的文明气质和中国军人的威武雄姿,展示在世界面前,亮出了一张靓丽的共和国名片。

"中国仪仗队是最出色的。"美国前总统尼克松在其回忆录中曾这样评价。加蓬共和国国防部长访问时,中国仪仗兵的威武气势和庄重沉稳的气质令他赞叹不已,当即表示,希望中方能派专家帮助加蓬培训一支国际水准的专业化仪仗队……

在执教加蓬仪仗队员时,中方教练组成员常常急得直上火,因为加蓬受训队员总是因种种原因很难百分之百到位。但是,中国仪仗兵尊重他们的风俗、习惯,始终保持和蔼、耐心的态度。每次训练,他们都坚持第一个到场,最后一个离场,从不松懈,用自己的行动作出表率。

我三军仪仗队派出由34人组成的建制方队,应邀参加墨西哥独立

200周年的盛大阅兵庆典。当中国仪仗方队在墨西哥城主干道改革大道上演绎出排山倒海的气势时,如潮的掌声、起伏的尖叫响彻阅兵现场。无论是墨西哥政府官员、各国嘉宾,还是普通群众,所有人都情不自禁地向这支队伍致敬。翌日,墨西哥最大报纸《改革报》以及《千年报》《太阳报》等主要媒体,都在显著位置刊登图文报道,称赞中国仪仗方队是16个应邀国仪仗方队中最受欢迎的。

中国人民解放军三军仪仗队

在墨西哥城,当外军仪仗队员购物、休闲、集体外出观光时,中国仪仗兵则克服高原反应和睡眠条件较差等重重困难,坚持进行队列动作练习,严格执行一日作息制度。俄罗斯、秘鲁等10多个国家的仪仗兵不止一次对翻译官说:"中国军队的纪律是最严明的!"墨西哥联络官纳也多有感慨:"无论何时走进中国三军仪仗方队的宿舍,秩序都是最好的。"

每次共同训练或是外出参加活动,中国仪仗队官兵都积极与别国军人沟通交流,相互探讨仪仗口令和动作标准。他们还在大学校园与当地大学生展开交流。从语言到文化,从音乐到功夫电影,随着话题的不停转换,草坪上不时传来阵阵笑声。中国仪仗兵的爽朗大方、真诚坦率,给在场的人们留下了深刻印象。许多大学生则这样评价中国军人:高大帅气,很有涵养,随和开朗。

中国核潜艇部队：水下核盾牌

作为大国战略力量,被誉为"水下核盾牌"的中国核潜艇,游弋在大洋大海。

在基地,每年新学兵、新学员入队,上的第一堂课就是核潜艇部队的传统教育,学唱的第一首歌就是《中国海军核潜艇》,参观的第一个场所就是军史馆。

每当潜艇航行到威海卫、刘公岛海域,水兵们都会重温甲午海战那段历史,铭记百年耻辱,强化忧患意识。在军史馆,依次摆放着23瓶海水,那是潜艇出征时从不同海域取来的。这些看似普通的海水,在大家的心目中,联结着万里海疆,见证着核潜艇部队发展壮大的光荣历史,更意味着党指挥我们一次次远征大洋的壮阔航程。

中国核潜艇

核潜艇是体现国家意志的战略利器,兵力行动连着国家政治外交大局,具有很强的政治敏感性。任何一个决策举措,哪怕一个战术动作,都包含着极高的战略含量。一年秋天,基地一艘核潜艇带着战术背景奉命出航,突破第二岛链。一切看上去顺风顺水,然而就在返航途中,突遭外军舰机跟踪。对方连续用主动声呐探测,"哒哒哒"的声音异常刺耳,企图迫使我艇浮出水面。上浮,对艇员来说当然是最安全的,但错过了一次近似实战的练兵机会;继续潜航,则危机四伏,风险不可预测。这是一次心照不宣的探底与较力!关键时刻,该艇党委果断决定:坚决执行上级指示,完成任务!随后,全体官兵采取多种战术,灵活机动,在水下与对手斗智斗勇几十个小时,最终达成上级既定的战略意图,受到中央军委的通电表扬。

我们的核潜艇,"出得去、藏得住、打得准、撤得回",配称撒手锏;保持海上存在,有效做到不怒自威,震慑敌方。

专家点评

当代中国军人的历史责任,就是实现党在新形势下的强军目标,自觉担当起维护国家主权、安全、发展利益的重大责任,为实现中华民族伟大复兴的中国梦,提供坚强力量保证。

"军人要注意按地球的脉搏。"(叶剑英)也就是说,要具有世界眼光,胸怀战略全局,关注风云变幻,作出科学判断,保持戒备状态。只有这样,才能窥端倪而知全貌,识大势而勇担当。

国家利益始终是军人目光的聚焦点,捍卫国家主权安全、领土完整、发展利益,永远是军人奋斗的职责。我军作为共和国的钢铁长城、人民的依靠力量,不仅要守护好领土边疆,更要维护好利益边疆。树立全球战略,应成为当代中国军人的伟大抱负;在太空时代,穿透茫茫宇宙,增强空天思维,应成为当代中国军人的宽阔眼界;在海洋时代,强化海权观念,提升海防能力,应成为当代中国军人的神圣责任;在经济全球化时代,保卫战略资源,捍卫国家海外利益,应成为当代中国军人的历史担当。

人民解放军坚守祖国边防

纪律是军队的命脉。古今中外凡是能征善战的军队,无不纪律严明。我军作为党绝对领导下的人民军队,具有建立在共同理想信念、高度政治自觉基础上的铁的纪律,这是我军一往无前、具有无坚不摧强大战斗力的重要保证。

人民解放军的纪律是在长期革命斗争实践中不断完善的。今天,它已经由红军时期的三大纪律八项注意,发展为1997年版《中国人民解放军纪律条令》的7章96条,但基本精神没有变,"三大纪律八项注意"仍然是人民解放军纪律的基础。

三大纪律:一、一切行动听指挥;二、不拿群众一针一钱;三、一切缴获要归公。八项注意:一、说话和气;二、买卖公平;三、借东西要还;四、损坏东西要赔;五、不打人骂人;六、不损坏庄稼;七、不调戏妇女;八、不虐待俘虏。

今日践行

在全军政治工作会议上,习近平主席明确提出,要适应强军目标要求,着力培养有灵魂、有本事、有血性、有品德的新一代革命军人。

这是习主席向全军发出的伟大号召,反映了强军兴军的必然要求,回答了新形势下培养什么样的军人、怎样培养新一代革命军人的时代课题,实现了我们党培养合格革命军人目标要求的与时俱进,体现了党和人民对广大官兵的期望重托,为培养堪当强军重任的革命军人提供了根本遵循。

做新一代革命军人,也是当代中国军人献身强军实践、勇担历史重任的庄严宣示。

有灵魂、有本事、有血性、有品德,通俗表达中透露着丰富意蕴,朴实话语中彰显着深刻内涵,立体地描摹出新一代革命军人应有的样子,刻画了新一代革命军人的时代肖像。

有灵魂——强军进程中官兵必备的理想抱负,核心要义是信念坚定、听党指挥。就是要对党的理想高度认同,对党的信仰忠贞不渝,对党的要求坚决恪守,始终保持对实现中国梦、强军梦的坚定信念信心,自觉坚持党对军队绝对领导的根本原则和制度,始终在思想上、政治上、行动上同党中央、中央军委和习主席保持高度一致,一切行动听从党中央、中央军委和习主席指挥。

有本事——强军进程中官兵必备的素质本领,核心要义是素质过硬、能打胜仗。就是要始终牢记我军的根本职能,把打仗作为主业、专业和事业,掌握必备的现代军事、科技知识,练就过硬的作战能力,有效履行使命任务,成为能打胜仗的"刀尖子"。

有血性——强军进程中官兵必备的精神特质,核心要义是英勇顽强、不怕牺牲。就是要胸怀不辱使命的强烈担当,保持坚忍不拔的顽强意志,坚定不畏强敌的必胜信念,发扬视死如归的献身精神。有血性是我军战胜强大敌人的制胜密码,是打赢信息化战争的精神利刃,是战胜强军进程中困难挑战的动力引擎,是彰显革命军人意志的形象标识,"如同一颗上了膛的子弹,随时准备射向敌人的胸膛"。

有品德——强军进程中官兵必备的道德情操,核心要义是情趣高尚、品行端正。就是要知荣明耻、明辨是非、克己慎行、自律慎独,保持崇高追求,提升思想境界,培养健康情趣,模范遵守社会公德、职业道德、家庭美德和个人品德,始终做一个高尚的人、纯粹的人、脱离低级趣味的人、有益于人民的人。有品德是立身做人、当兵为官的准则,是履职尽责、干好工作的基础,是保持本色、树好形象的保证。

有灵魂、有本事、有血性、有品德,这四个方面是一个紧密联系、相辅相成、内在统一的有机整体,立起了新形势下铸魂育人的根本尺度,明确了革命军人最基本最核心的要求。其中,有灵魂是统领,有本事是核心,有血性是关键,有品德是基础。这就如同一座高楼,灵魂、本事、血性、品德是起支撑作用的顶梁大柱。缺了哪一根"柱子",整个房子都会倒塌。

读后拓展

1. 请用 50 左右的文字描绘邱少云军旗下两位战士的威武形象。

2. 联系新一代革命军人的"四有"内容,举办全校或全班《放飞中国梦 做"四有"中学生》演讲比赛,设立奖项,表彰优胜。(建议:对当代中学生的"四有",可由演讲者自己定义)

3. 铁血柔情　当代最可爱的人

> 挽住云河洗天青,闽山闽水物华新。小梅正吐黄金蕊,老榕先掬碧玉心。君驭南风冬亦暖,我临东海情同深。难得举城作一庆,爱我人民爱我军。
>
> ——习近平

军情报道

一则《中国军人帖》,让我们知道中国军人的军旅特征:

[品名]军人

[昵称]最可爱的人

[化学名称]当兵的

[成分]除常人所具水、蛋白质、脂肪、核糖核酸、碳水化合物及少量矿物质等成分外,尚有不明物质,表现为:有血有肉,但坚如钢铁;有情有义,却甘享寂寞;有爱有孝,却常不回家(谁说应该用"常",俺说的是长时间不能回家)。

[理化性质]血性,帅气,阳光。气质别于常人,对枪、炮、弹等敏感,听到打仗就来劲。

[性状]本品平时棱角分明略显呆板,助人为乐时似热火一团,抢险救灾时似铁人一个,打起仗来不惜血洒疆场。

[功能主治]上战场打仗,赴灾区抢险,蹈火海救人等等,一切别人拼命往外逃的时候,他们就会拼命往里冲。

[**副作用**]少时顾不上父母,中时顾不上妻儿,复转时顾不上自己,退伍后还时常牵挂着连队。

[**用法用量**]通常一生一次,一次两年。常有服用上瘾者一次2~30年不等,更有少数一次服用一生者。

[**禁忌症**]无论何时都不能说"失败、放弃、抛弃"。

[**注意事项**]意志不坚者慎用。

[**规格**]男性:不超过标准体重的30%,不低于标准体重的15%。女性:不超过标准体重的20%,不低于标准体重的15%。

[**贮藏**]无特殊要求,必要时猫耳洞、帐篷、雪窝子、篱笆棚,及至野外露营皆可。

[**包装**]有统一服装、标识,随季节变化和任务需要更换。

一篇《**我们落泪了**》自述,让我们明白中国军人是有血有肉的钢铁汉:

有人说:军人没有眼泪!因为在他们眼中,我们军人都是铁铮铮的硬汉子,是刚强和坚毅的代名词。

他们哪里知道?军营男儿也有泪,第一次离开父母的温馨怀抱,告别故乡,带着青春梦想,走进绿色方阵时,我们没有落泪。可是当遥望中秋明月时,我们落泪了……

训练场上,我们头顶烈日站军姿,摸爬滚打风雨里,此刻我们没有落泪。当战友把香喷喷的病号饭端到床前时,我们落泪了……

巡逻路上,我们头顶边关的明月,身披日月风霜,爬冰卧雪,此时我们没有落泪。可探家时望着父母新添的白发,望着爱妻不再娇嫩的双手,我们落泪了……

抗洪抢险时,面对死神,我们一次又一次把"橘红色"的希望让给别人,用血肉之躯筑起一道道不垮的长堤,此刻我们没有落泪,可是,当洪水退去,面对欢送人群中白发苍苍的老人手中的鸡蛋,面对多情的女青年打出"最爱你,兵哥哥"的标语,我们却落泪了……

战场上,我们穿过硝烟,冒着炮火冲锋陷阵时,我们没有落泪,当我们凯旋被掌声和鲜花淹没时,我们落泪了……

比武场上,为了集体的荣誉,我们喊响了"流血流汗不流泪"的口号,可当我们就要告别火热般的军营,离开朝夕相处的战友,脱下心爱的军装,向××××军旗敬最后一次军礼时,我们却泪洒衣襟……

男儿有泪不轻弹,但是为了祖国的富强,人民的安宁,我们会毫不犹豫地以生命为盾;为了万家灯火的辉煌,为了千家万户的幸福,我们甘守清贫看富有,豪饮孤独当美酒……此刻,我们没有落泪,然而当我们为了事业负于爹娘言行而不被理解时,我们落泪了……

无情未必真豪杰,落泪仍是大丈夫!我们的职责固然神圣,但我们绝非圣人,我们和常人一样有血、有肉、有爱、有情……流泪流汗是每个人的本性,流血不流泪是我们军人的本色。谁说军营男儿没有泪,只是未到动情处。

不变的是兄弟,不朽的是军魂。可以放弃生命,但决不放弃使命!自信我们是一群悍不畏死的共和国忠诚卫士!

聆听《**咱当兵的人**》等三首动情歌曲,让我们懂得中国军人的内心美世界:

世界上有一首歌,叫作《咱当兵的人》。当兵的人,有啥不一样,只因为他们都穿着神圣的军装,自从离开家乡就难见到爹娘!说不一样,其实也一样,都是青春的年华,都是热血儿郎!一样的足迹留给山高水长!……当兵的人,就是

家里来信了

不一样,头枕着边关的明月身披着雨雪风霜……为了国家安宁他们紧握手中枪!说不一样,其实也一样,都在渴望辉煌,都在焕发荣光!一样的风采在共和国的旗帜上飞扬!

世界上有一首歌,叫作《**什么也不说**》。你下你的海他过他的河,你

第二章 听党指挥 军魂永驻

坐你的车他爬他的坡,既然是来参军既然是来报国,当兵的爬冰卧雪算什么……什么也不说,胸中有团火,一颗滚烫的心暖得钢枪热……你喝你的酒他嚼他的馍,你有儿女情他有相思歌,只要是父老兄妹欢声笑语多,当兵的吃苦受累算什么……什么也不说,祖国知道他,一颗博大的心愿天下都快乐!

世界上有一首歌,叫作《血染的风采》。知不知道,也许他们告别,将不再回来,你理解吗?你明白吗?也许他们倒下,将不再回来,我们还要不要永久地期待?即使是这样,也不要悲哀,共和国的土地上有他们血染的风采!……也许他们的眼睛,再也不能张开,那一份沉默的情怀,你理解吗?也许他们长眠,再也不能醒来,你相不相信……他们的身躯化作了共和国的山脉……即使是这样,也不要悲哀,共和国的土壤里有他们付出的爱!

 英雄在线

特种兵的特别情

刘珪,作为父亲,他是双胞胎宝宝的"超级奶爸";作为营长,他带出了全旅先进营……

刘珪是名人,也是忙人。他熟练掌握20多项特战技能和50多种装备操作,获授"矢志打赢模范连长"荣誉称号,被官兵们称为"三栖尖兵""全能连长"。大项演习、战法研究、课目试点,凡是军事训练中难啃的"硬骨头",刘珪总是冲在前面的"急先锋"。

一年春节,刘珪还是连长,由于要执行大项任务,官兵们天天泡在训练场,不能回家。营区外的爆竹声透出浓浓的年味儿,这时,一名新战士

说:"连长,我想家。"其他战士也纷纷说道:"连长,我也想家。"

刘珪沉默了一会儿,把队伍带到营区后面的山谷中:"你们要是想谁,就对着山谷喊谁的名字,喊出来心里就好受多了。以前我就是这么干的。"全连官兵都冲着山谷大声呼唤着自己亲人的名字,每个人脸上都满是泪痕。半小时后,擦掉眼泪,大家继续摸爬滚打!

当时刘珪喊的是妻子陈娟的名字。上山下海,演习驻训,刘珪

特种兵刘珪

一年里总有 200 多天是在野外度过的。陈娟说,原本怀孕生孩子也没指望他帮上什么忙,可没想到这五大三粗的特种兵,竟想得比自己还细。

刘珪考虑到工作忙,早在半年前,就买齐了婴儿用品,还"研究"过好几本育儿书籍,把陈娟怀孕、孩子出生各阶段的孕产妇菜谱都编了出来。双胞胎出生时,因为家里老人身体不好,陈娟又是剖腹产,伤口疼痛,刘珪一人承担起照顾妻子和两个孩子的所有事情,成了"超级奶爸"。

就在双胞胎出生后的几个月里,刘珪兼顾家庭的同时,还研究了分级组训方法、士官长制度试点探索,承担完成了多个重大演训任务,全营各项工作和训练成绩一直走在全旅前列,被评为先进营。

陈娟说,两个孩子对军装有种特殊感情,只要见到穿军装的人就会笑,长大了一定送他们去当兵!

走进西沙群岛守备部队

在云飞浪卷的南中国海,有一个神奇的地方。这里有海的蔚蓝,天的澄净,沙的洁白,树的婀娜,这就是美丽富饶的西沙群岛。

守卫在西沙群岛的中国人民解放军海军南海舰队某水警区官兵,

满怀对祖国和人民的忠诚,牢记新的历史时期人民军队的光荣使命,守岛建岛,无私奉献。他们用青春和热血展示了天涯哨兵"爱国爱岛,乐守天涯"的壮美情怀,用实际行动诠释着当代革命军人的核心价值观。

岛礁,神圣庄严的光荣战位 西沙群岛,位于南海中北部,古代称"千里长沙,万里石塘",历来是中国神圣的领土。西沙群岛战略位置极其重要,处于我南下太平洋、西出印度洋的必经之地,与东沙群岛、中沙群岛和南沙群岛一起,环峙南海,是维护国家主权和海洋权益的重要战略支撑点。

海岛是水兵不沉的战舰,礁盘是卫士光荣的战位。驻守在这里的海军官兵强化主权意识,忠于职守,不辱使命,谱写了感人肺腑、波澜壮阔的英雄篇章。被中央军委授予"爱国爱岛 天涯哨兵"荣誉称号。

港湾,充满活力的蓝色家园 西沙群岛岛礁星罗棋布,互为犄角,形成完整的岛链,而每座岛屿都拥有各自的港湾。这些港湾千姿百态,魅力四射,美丽无比。

然而,西沙的港湾不仅仅是一道风景,最重要的它是海岛的生命线,是充满活力的蓝色家园。在西沙群岛,守岛军民的生活用品、军需物资、装备器材,每一件都是从船上卸下的,就连岛上的每一把泥土,每一滴淡水,也都是从大陆船运上岛的。

近年,随着国家的富强和军队建设的发展,西沙的港湾码头也随之

发生变化,航道加深,港区拓展,环境更加美丽,船运货物的内容也和过去大不相同。现在从码头卸下的,除了日常的生活必需品,新装备新器材也源源不断地送上了西沙。于是,海岛与大陆的距离拉近了,岛上面貌与祖国与军队建设同步地发生变化。守岛官兵是国家建设的参加者、保卫者,也同时享受到改革开放带来的实惠,守岛官兵的心与国家贴得更紧了。前几年,中国移动电信公司在西沙建立了信号基站,守岛官兵排解了长期困扰的通信难题,用上了手机,这样与家人、朋友通话联系方便了,和恋人谈情说爱"随机了"……

灯塔,永不位移的青春坐标　"点亮一盏灯,指引五洲船"。西沙群岛的岛礁、沙滩,以及航道,屹立着一座又一座航标灯塔和灯桩。茫茫大海中,航标灯像无言的长者,日复一日,风雨无阻地为过往船只指点迷津,照亮航路。

南海卫士的不屈身影

西沙水兵心中也有一盏不灭的航标灯,那就是"爱国爱岛,乐守天涯"的西沙精神。多少年来,它一直为水兵指引着前进道路,成为他们永不位移的青春坐标。有一个名叫侯占朝的士官,在面积只有0.36平方公里的西沙琛航岛上服役,至今已经度过了16年,他把自己最宝贵的青春年华奉献在这里。有一年,部队首长上岛,见到这位可爱的战士,问道,"你长期生活在小岛上,就不怕被人遗忘吗?"他回答说:"我很知足,至少有两个人记住了我,一个是我的母亲,另一个是我的祖国。"

还有一位叫曹建奎的士官,在岛上工作了14年,患上风湿性关节炎,膝关节变形,疼痛难忍,有时走路都要扶着墙壁。组织上考虑到他的健康状况,去年年底,准备让他提前转业,疗养身心。在征求本人意见时,他谢绝组织的关怀,动情地说:"能在西沙工作14年,我觉得很欣慰,就算下半辈子坐轮椅也不后悔!"

西沙自然环境虽然优美,却不是宜居的地方。这里远离大陆、交通不便、信息闭塞,高温、高湿、高盐度、高日照,缺土、缺淡水,多台风。但是这难不住我们的水兵。中建岛是西沙最偏远、最艰苦的一个小岛。涨大潮时只有两个足球场大小的面积露出水面,地表温度常常超过60℃,被称为荒岛、风岛、火岛。就是在这样的环境下,守备队的官兵,不畏艰难,出色地完成执勤任务,并在号称"南海戈壁"的小岛上种活了200多棵树,成为西沙历史上的一个奇迹。

"儿子,你们当兵的现在敢不敢打仗?"

"娘,敢!"

"那你们能不能打赢?"

"娘,能!"

一位大校军官回老家看望母亲,有了母子俩的这一次对话。这位军官说,当时母亲听完他的回答后舒心地笑了;母亲的笑容让他难以忘怀。

习近平主席主持军委工作以来,多次强调指出:和平时期,决不能把兵带娇气了,威武之师还得威武,军人还得有血性。军队要能打仗、打胜仗,部队一切工作都向打仗聚焦。

三军统帅的告诫,普通百姓的关切,指向同一个时代课题:革命军人要有血性,时刻准备为祖国和人民去战斗。

没有血性的人不配做军人,没有血性的军队注定要打败仗,这是历史的昭示,也是现实的警告!

不管时代如何变换,也不管社会如何物质主义盛行,中国军队一直把为人民服务、报效祖国、奉献牺牲,当作军营生活的主基调。

牺牲具有神圣般的含义,从某种意义上说,一个国家、一个民族、一个社会,是靠着牺牲精神来维系的。中华民族之所以历经数千年而生生不息,就在于历代都有各种各样的牺牲者,他们牺牲了本身的利益乃至生命,却使整个族群因此具有了强大的精神向心力。

强化打仗意识,提升打仗能力

军人是以牺牲生命为本职的特殊职业,在所有的牺牲中,以生命的牺牲为最高牺牲。而社会正是因为有了军人这个以牺牲为职业的群体,才有了能够正常运行的基本条件。

新中国的诞生是无数先烈和先贤牺牲奉献换来的,新中国的一切伟大成就,也是一代又一代中国英雄儿女奋斗牺牲的结果。今天,国家物质生活水平日益提升,但牺牲精神依然是国之瑰宝、民族精髓,是中国梦能够得以实现的前提。

提起血性,人民军队创造了无上荣光的历史,人民解放军谱写了无可匹敌的传奇。

这是一组血肉之躯凝成的数字,读后能让我们肝肠回旋,令敌人心惊胆寒:

红军长征四路大军牺牲16万多人。仅牺牲在长征路上的营以上干部就达432人,其中师以上干部80多人。

14年抗战,共产党领导的人民武装伤亡60多万人。

解放战争,我军共牺牲26万人,负伤104万人。

抗美援朝战争,共有18万中国人民志愿军官兵英勇牺牲。

血性是什么?红军、八路军、新四军、解放军,千千万万的革命先辈及其官兵,用生命和鲜血告诉我们:

血性,是不怕死,明知不敌也要敢于亮剑。血战湘江时,红十四团团长、副团长、参谋长、政治处主任全部英勇牺牲。师参谋长胡震请缨上阵指挥,人刚到阵地,就传来阵亡的消息。长征途中,当战斗进行到最激烈的时候,总司令朱德冲在前沿阵地。他说:"只要红军胜利,区区一个朱德又何惜!"

血性,是战斗到最后一个人。狼牙山五壮士,面对步步逼近的日伪军,他们宁死不屈,毁掉枪支,义无反顾,纵身跳下数十丈深的悬崖。以冷云为代表的东北抗日联军8名女战士,在顽强抗击日本侵略军的战斗中弹尽粮绝,毅然投入滚滚江水,为国捐躯。日军指挥官惊呼:"连女人都不怕死,中国灭亡不了!"

血性,是靠一股劲,一股气,杀出一条血路来。南昌起义,十七勇士强渡大渡河,突破天堑腊子口,首战平型关……哪一仗不是置死地而后生?陈树湘掏腹断肠誓死不当俘虏,董存瑞舍身炸碉堡,黄继光用身体堵枪眼,邱少云在烈火中永生……哪一个英雄不是气吞山河笑傲死神?

血性,是天大的困难不言苦。东北抗日联军的主要创建人和领导人杨靖宇将军牺牲后,日军将他割头剖腹,发现他的胃里尽是枯草、树皮和棉絮,竟无一粒粮食!侵略者无不为之震惊。

血性,是大爱无言,不计个人名利,只为民族、国家和人民。八路军副参谋长左权曾给母亲写过一封信:"我全军将士,都有一个决心,为了民族国家的利益,过去没有一个铜板,现在仍然是没有一个铜板,准备将来也不要一个铜板。过去吃过草,准备还吃草。"

……

血性赢得了尊严,血性换来了和平。"夫战,勇气也。"战斗力从来都是以敢于亮剑、勇于牺牲的铁血精神为支撑的。今天,信息化战场的真正英雄应该是"信息精英+钢铁硬汉",不断用"明天走向战场,你准备好了吗"作警示,让打仗观念融入血液。

血性永远是军人的脊梁,永远是胜利的刀锋。

今日践行

信息化战争 智者必胜 初冬,大漠腹地,冷月清辉。一场多兵种全要素红蓝体系对抗正在紧张进行。

"立即撤收兵器,机动转移!"一轮火力打击刚结束,北部战区空军导弹某旅所属某营快速向500公里外的预定阵地机动。

大漠中的长途演练

信息化战场,发现即可能被摧毁。对于一支导弹部队来说,能否练就"侦、打、走、防、保"硬功至关重要。"才 10 多天,就已经在大漠里跑了 4 000 多公里,刚换的新轮胎都快磨平了。"执行过多次重大任务的驾驶员指着仪表盘说,"啥时机动、啥时战斗都不知道,连睡觉都不敢脱衣服,进驻就打,打完就走,再也不会出现一个阵地守几天的情况了。"

红蓝双方斗智斗勇,实兵对抗进入白热化。"方向××,高度××。"战勤人员操纵兵器锁定目标后,突然,雷达显示屏上一片"雪花",遭到强电磁干扰压制,目标丢失。关键时刻,战勤人员迅速改用手控跟踪,再次锁定目标,导弹腾空而起,成功将目标摧毁。

每轮对抗过后,官兵们顾不上休息,利用机动转移途中的点滴时间,总结反思暴露出来的问题,及时梳理好战法训法,为下一波次攻防作好准备,真正做到打一仗进一步,训练理念正发生着从"盯着自己练"向"盯着敌人练"的深刻转变。

亮剑东山岛

亮剑东山岛　坚决遏制"台独"　2016 年,我军参加东山岛演习的"档次"明显提高,其中一个重要标志是,这次参演的武器装备是历次演习中最多也是最先进的:其中包括"Su-30""Su-27"等各种型号的先进战斗机、电子干扰机、侦察机、空中加油机;海军派出了新型导弹驱逐舰、先进的核潜艇、从俄罗斯进口的"基洛"级潜艇以及近年来我国自行研制的常规动力潜艇等;在陆军方面,先进的导弹部队也参加演习。

2016年的东山岛演习有显著变化,突出的是夺取"台海地区的制空权"这个重点。这显示出我军越来越重视"制空权"在现代战争中的决定性意义。争夺台海制空权的军演不再是以往那种强调震慑作用的预防性演习,而在相当程度上增加了"主动性""真实性"与"攻击性"。

专家分析,此次军演对台海两岸关系的影响将是深远的。解放军的演习是要达到这样的效果:如果台湾发生"台独"突变的话,大陆能够立即采取有效的军事行动;而一旦台海爆发冲突,通过三军的协同作战,能够全面取得对台制空权和制海权,并阻止外国军事力量介入。

今天,我们捍卫国家主权和领土完整的决心未变,能力更强,将坚决遏制任何形式的"台独"分裂行径和图谋。

永远的"金孔雀" 余旭,空军上尉,被战友们爱称为"金孔雀"。我国第一批驾驶歼-10战斗机的四名女飞行员之一。2016年11月12日在飞行训练中不幸牺牲,年仅30岁。

 **读后拓展**

1. 信息: 在1998年的抗洪部队里曾经流传着这样一个故事:为躲避洪峰,一位被迫转移的老妈妈,无意中看到了正在参加抗洪抢险的儿子。她多想能够拉上儿子的手,说上几句贴心的话呀。可是,她万万没

有想到的是,无论她怎么呼唤,儿子只回头望了她一眼,又义无反顾地和部队一起冲向了抗洪大堤,没有和她说上一个字。老妈妈流泪了,她怎么也不能相信,养育了十八年的儿子,竟然会不认自己的亲妈妈!

问题:你认为,这位儿子以后会怎么对妈妈解释呢?

2. 西安,秦兵马俑的参观地,一位身着警察制服的武警战士,因为天气炎热而汗流浃背,这时一位热情的女游客掏出纸巾,帮他把汗水擦干。

问题一:请描绘一下这位女游客的心情。

问题二:假如你是这位武警战士,你准备怎么做?(请从语言和动作两个方面思考)

4. 继往开来　时代旗帜永飘扬

> 历史总是要前进的,历史从不等待一切犹豫者、观望者、懈怠者、软弱者。只有与历史同步伐、与时代共命运的人,才能赢得光明的未来。
>
> ——习近平

 **军情报道**

时下,在我军军营内外,一篇《战斗宣言》,令人热血沸腾,令山河震撼动容!

烈日和月光给我记住这种呐喊,
看我铁打的兄弟来了,掀起狂风巨浪!
踏过的足迹都留下钢铁的力量,
一个一个坚实的胸膛,时刻全副武装!

扣紧你的钢盔,勒紧子弹袋,
穿上战靴、沙漠迷彩,
时刻保持作战状态。
双臂摆动向前带,
双腿拼命向前迈,
誓入刀山火海的姿态,继往开来!

时不我待,生死关头显然已经到来,
号令如山看金戈铁马一直迫不及待,
亮出你的招牌,拿出你的气概,
用万死不辞再给正义一次交代。

第二章 听党指挥 军魂永驻

你们怕不怕？ 不怕！
怕不怕？ 不怕！
只等一声令下 杀！杀！杀！
用天生的忠肝义胆再一次震撼，
为了光荣的和平,兄弟们拼啦！

就算子弹穿过我的胸膛，
使命依然刻在我的心脏，
兄弟们跟上这道光，
吼 吼 吼 吼！
吼一曲血气方刚，
看勇冠三军的悍将，
从这里走向战场。
上 上 上 上！

十公里的山地负重 30 公斤冲刺，
不离不弃的枪是杀出地狱之门的钥匙，
穿梭枪林弹雨对生死一如既往藐视，
昨天创造的纪录今天看我取而代之。

呼吸不断在加快,突破自己排除障碍,
肌肉酸疼才痛快,脚底血泡我挑开,
横木上肩最嗨,沙袋绑腿飞起来,
一切负重只为战场上把敌人轻松击败！

被晒黑的皮肤练就成为钢筋铁骨，
被冻裂的双手依然攥紧拳头习武，
冲锋陷阵的速度化身下山的猛虎。
一身铁打的功夫激发渴望出征的态度。

生在这方水土,誓为守护这片疆土!
侵我山河一步者,虽远必诛!
海中做蛟龙,空中乘战鹰展霸气,
灭了敌人的士气,再插上五星红旗!

就算子弹穿过我的胸膛,
使命依然刻在我的心脏。
从中原练到边疆,
能打仗!打胜仗!
时刻听从党的指挥,
国家尊严我们捍卫!
精忠报国的拳头部队,
首当其冲,舍我其谁?

士气疯狂上涨,杀气火冒三丈!
骨气固若金汤,底气源自信仰!
勇气攥紧天时,正气踏着地利,
就像镰刀和斧头,我们紧紧合二为一!
和平之师,我们做祖国的卫士!
威武之师,我们是猛虎的牙齿!
文明之师,弘扬悠久的历史!
正义之师,高举战无不胜的旗帜!
召之即来,来之能战!
战之必胜 杀!

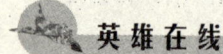

永不褪色，军魂在心中

入伏第5天的上午11时，驻浙某部的训练场上，"硬骨头六连"留守小分队的6名队员正在进行班战术训练。统一身着迷彩作训服，头戴钢盔，脚蹬作战靴，身背步枪、水壶和挎包，同是被晒得黝黑的脸上，汗珠一串串往下落，可要认出去年刚入伍的新兵苏江钦依旧不难——他的右手和其他5名队员不一样，是微微弯曲的。

如果不是三个月前训练时的意外受伤，此刻，他应该和连队大部队一起，在百里之外的濒海驻训场，感受自己人生中的第一次海训。"因

艰苦训练　保卫家园

为骨折，他的手臂至今不能完全伸直，但还是每天坚持出操。不能练手臂，就多练下肢，他说不能落后战友们太多。"

"硬骨头六连"是全军唯一一支两次被最高统帅部授予荣誉称号的英雄连队，先后荣立集体一等功8次、集体二等功22次。"每逢急难险重任务，六连总是冲在最前，挑最重的活，啃最硬的骨头。"这句话鼓舞了一代又一代"硬六连"的兵，成了六连的魂。

训练开始了,短停射击、卧倒、反身卧倒以及滚进,这些都是战术训练最基本的动作。"向前跃进,左脚伸出,脚尖勾起,右腿屈膝,利用身体惯性前行,停住后迅速出枪瞄准。"这些动作,都是远在海训场的战友们每天要练的,因为工作安排、伤病等原因留下来的队员,同样做得很认真。

大学生上等兵李康厚练习前定下目标,"连队纪录是107个,我今天一定完成110个!"刚做过70个,李康厚的双手就已经被单杠摩擦得鲜血直流。不少战友劝他停下,他却咬牙坚持到了109个,终因体力不支,从器械上掉了下来。大家都祝贺他,拼出了新的连队纪录,可他却愧疚地和我说:"班长,答应你的事没做到,我不是个合格的六连兵。"握着那双血肉模糊的手,班长第一次在训练场上流了泪。

"脱离"大部队近三个月,战士们依然十分关心百里之外濒海驻训场的海训情况。"今年没赶上,明年我一定要去。"最年轻的苏江钦,"不小心"说了句实话,也道出了在场每一位"硬骨头六连"人的心声。

海上利剑,艰辛出战力

"军港的夜啊,静悄悄,海浪把战舰轻轻地摇,年轻的水兵头枕着波涛,睡梦中露出甜美的微笑……"正是这首歌,唤起了不少人对海军的向往。但是,当走上东海舰队宁波舰,情况绝不完全如此。

这条大型现代化海军舰艇,入列后先后创造了10多项海军纪录,并多次在重大演训中精彩亮剑,成为战力卓越的海上利剑,被誉为海上航母"杀手"。

利剑当需烈火淬。这些耀眼的成绩背后,是舰上官兵日复一日、年复一年的辛勤付出。舰艇上,随处可见官兵们忙碌的身影,有的在保养装备,有的在补给物资……烈日下,汗水顺着年轻水兵的脸庞流淌而下,湿透了蓝白相间的海军服。

中午11时,地表温度接近40℃,舰艇甲板上,如同被烘烤一般。可"水深火热"最重的是舰艇锅炉舱,"水深",位于船舶底部,处于水线下

宁波舰官兵正在检测直升机起降

方;"火热",舱内最高温度达 60℃,巨大的噪音将人包围,不到两分钟就汗流浃背。战士们每三个小时换一次班,衣服都可以拧出水来。而这里的水兵,必须时刻在里面观察机器运行情况,及时处理可能出现的意外,为海军走向深蓝提供着源源不断的动力。

直冲云霄,为祖国飞行

驾驶战机在空中飞行是一种怎样的体验?英姿飒爽,直冲云霄——这是很多人印象中空军飞行员的姿态,可是,翱翔蓝天,并没有想象中的那么浪漫。

一个几乎容不得第二个人的狭小空间里,驾驶机舱内密密麻麻地遍布各种仪表设备,显得极为繁杂、杂乱,但在飞行员眼里却是井然有序的精确。"如果把在飞行中的全部动作进行分解的话,有时候短短 5 分钟里,我们在高空需要完成上千个动作。"这不亚于常人在蹦极时还要集中注意力阅读一本内容复杂的书——驾驶战机飞行,就要求具备这样高度的专注力和自控能力。

当一接到指令,飞行员穿上飞行服,跑步前往战机的短短几分钟内,这种从头到脚的转换就完成了。而当坐进飞行舱内,巨大的发动机轰鸣声响起,周围所有的其他声音都显得微不足道,一切跟飞行无关的

满怀豪情的人民解放军空军飞行员

想法都被抛在脑后,身上所有器官都服从大脑的唯一指令:完成任务。若不然,飞行时驾驶杆多拉动一厘米,反应慢一秒钟,也许就是天壤之别。"尤其是在海面上进行超低空飞行等课目训练时,脚就像快踩到水里的感觉,而飞机正以超音速前进,手哪怕微微颤抖一下,都有可能导致不可挽回的后果。"

与飞行的辛苦相比,更让这些年轻飞行员放不下的,是那份对家人的牵挂和照顾不到的歉疚。"你看我们这里很多飞行员,经常不能和家人团聚,哪怕家人住得再近,就在与机场一墙之隔的家属区里,一旦执行重大任务,军令如山,常常会一个月都见不到一面。"一位飞行员说这些话时,湿润的双眼看着远方……

人民解放军空军飞行员,满怀万丈豪情,期待为祖国飞行。天空将见证,他(她)们的热血与奉献!

专家点评

军旗猎猎,军歌嘹亮。今天,我们迎来了八一建军节。

"八一"二字,热血铸就;军人节日,荣光闪耀。此时此刻,无论是海外维和,还是联合军演;无论是野外驻训,还是边防巡逻;无论是抗洪抢险,还是扶贫帮困……全军官兵正用忠诚和担当、牺牲和奉献,忠实履行着党和人民赋予的神圣使命。

第二章 听党指挥 军魂永驻

《中国人民解放军军歌》 向前！向前！向前！我们的队伍向太阳！脚踏着祖国的大地，背负着民族的希望，我们是一支不可战胜的力量。

我们是工农的子弟，我们是人民的武装，从无畏惧，决不屈服，英勇战斗，直到把反动派消灭干净，毛泽东的旗帜高高飘扬。

听！风在呼啸军号响，听！革命歌声多嘹亮！同志们整齐步伐奔向解放的战场，同志们整齐步伐奔赴祖国的边疆。

向前！向前！我们的队伍向太阳，向最后的胜利，向全国的解放！

党的十八大以来，在党中央、中央军委和习主席的坚强领导下，全军着力举旗铸魂、突出备战打仗、坚定推进改革、强力正风肃纪，部队面貌发生了重大变化，强军兴军取得了更大进步。

全军部队听党指挥的思想政治根基更加牢固，实战化水平明显提高，改革强军战略深入人心，履行使命任务能力显著提升，开新图强的生动局面已经开启，正朝着建设世界一流军队的目标阔步前进。

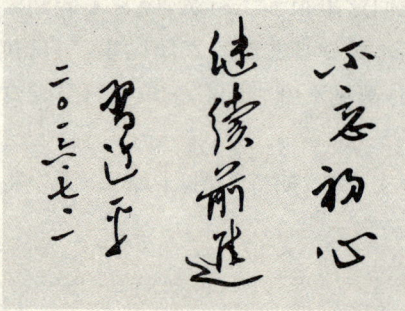

在庆祝建军节的时刻，我们更加深刻地认识到，没有人民的军队，便没有人民的一切；没有世界一流的军队，就不能铸就和平之盾。强国必须强军，军强才能国安。只有以强大的军事力量作支撑，和平发展才会有保障，繁荣兴盛才会有根基。越接近复兴梦想，越需要强军兴军。建设一支同我国国际地位相称、同国家安全和发展利益相适应的巩固国防和强大军队，是我国现代化建设的战略任务，也是党和人民的殷切期盼。

我们要永远保持建党、建军时的那种奋斗精神，永远保持对人民的赤子之心。一切向前走，都不能忘记走过的路；走得再远、走到再光辉的未来,也不能忘记走过的过去,不能忘记为什么出发。面向未来,面对挑战,我们要不忘初心、继续前进。

——坚持不忘初心、继续前进,就要坚持马克思主义的指导地位,坚持把马克思主义基本原理同当代中国实际和时代特点紧密结合起来,推进理论创新、实践创新,不断把马克思主义中国化推向前进。

——坚持不忘初心、继续前进,就要牢记我们党从成立起就把为共产主义、社会主义而奋斗确定为自己的纲领,坚定共产主义远大理想和中国特色社会主义共同理想,不断把为崇高理想奋斗的伟大实践推向前进。

——坚持不忘初心、继续前进,就要坚持中国特色社会主义道路自信、理论自信、制度自信、文化自信,坚持党的基本路线不动摇,不断把中国特色社会主义伟大事业推向前进。

——坚持不忘初心、继续前进,就要统筹推进"五位一体"总体布局,协调推进"四个全面"战略布局,全力推进全面建成小康社会进程,不断把实现"两个一百年"奋斗目标推向前进。

——坚持不忘初心、继续前进,就要坚定不移高举改革开放旗帜,勇于全面深化改革,进一步解放思想、解放和发展社会生产力、解放和增强社会活力,不断把改革开放推向前进。

——坚持不忘初心、继续前进,就要坚信党的根基在人民、党的力量在人民,坚持一切为了人民、一切依靠人民,充分发挥广大人民群众的积极性、主动性、创造性,不断把为人民造福事业推向前进。

——坚持不忘初心、继续前进,就要始终不渝走和平发展道路,始终不渝奉行互利共赢的开放战略,加强同各国的友好往来,同各国人民一道,不断把人类和平与发展的崇高事业推向前进。

——坚持不忘初心、继续前进,就要保持党的先进性和纯洁性,着力提高执政能力和领导水平,着力增强抵御风险和拒腐防变能力,不断把党的建设新的伟大工程推向前进。

青少年是祖国的未来、民族的希望,也是我们党和人民解放军的未来和希望。全国广大青少年,要深刻了解近代以来中国人民和中华民族不懈奋斗的伟大历程,坚定不移地跟着中国共产党走,好好学习,天天向上,勇做走在时代前列的奋进者、开拓者、奉献者,让青春在为祖国、为人民、为民族的奉献中焕发出绚丽光彩!

因为,我是军人! 走进绿色的军营,我惊叹于时间的宝贵,更执着于奉献的刹那。军旅文化的熏陶,军事素质的锻炼,使我茁壮成长。忘不了,那立正稍息的严肃,刺杀格斗的磨炼,摸爬滚打的辛酸。尽管肉体的麻木可以为之不屑,但精神的永恒却不得不为之一震!血染的风采,是如此的壮观;汗水的挥洒,是这般的淋漓尽致;直线加方块的军旅生涯,又是何等的自豪!面对布满荆棘的道路,我将义无反顾地向前,向前,再向前!因为,我是军人!

因为,我是军人! 在庄严而神圣的五星红旗和"八一"军旗下,我是承上启下、继往开来的新一代。看!奔腾的长江,呼啸的黄河,流淌着军人的本色。一双双高度警惕的明眸,日日夜夜搜索着祖国碧蓝的天空,浩瀚的大海,广袤的土地。在亲情、友情、爱情面前,其实,我也曾想找点时间常回家看看;也曾想灯红酒绿对酒当歌;也曾想红尘做伴活得潇潇洒洒。但我不能,不能!因为,我是军人!

因为,我是军人! 多了份成熟与稳重,少了许幼稚和天真。我深刻而清晰地认识到,"国无防不立,民无兵不安"。我最崇高的理想,就是让祖国繁荣昌盛,不断强大,让人民安居乐业,享受美好幸福的生活。因此,不要问为什么:历史总把最悲壮的篇章留给军人书写;生活总把最枯燥的旋律交给军人弹奏;命运总把最艰险的道路留给军人跋涉。凛冽的寒风,倾盆的暴雨,铺天的大雪和当空的烈日,会告诉你答案!因为,我是军人!

战鹰搏长空　保家为人民

因为,我是军人!　有了海纳百川的广阔胸襟和无私奉献的高尚情怀。大漠风沙中的身影,高原雪域上的脚印,深山老林里的足迹——到处都是我人生价值的体现之地!白鸽飞舞的年代,我不过多地奢望什么,为人民服务是我的最高准则,和平与发展是对我的最高褒奖。为此,我愿让旗帜卷起我的身躯,让号角震撼我的心灵,用热血谱写忠诚,用生命捍卫主权,同脚下这片肥沃的土地一起拥抱明天!因为,我是军人!

因为,我是军人!　回眸昨天走过的军旅之路,我无怨无悔的同时,更感到无比的骄傲和自豪;展望明天新的征程,我壮志凌云的那刻,深感任重而道远。青春正在奉献,光荣还在续写,我的心中,充满喜悦与欣慰,更是激情飞跃!因为,我是军人!

读后拓展

1. 军衔是国家给予军人的一种荣誉。军衔制以军人的职务、贡献、才能等综合因素作为评定和晋升军衔的标准。

你了解中国人民解放军现行军衔制度吗？请上网搜索,将信息告诉同学们。

2. 当你18岁履行服兵役义务时,你希望能去哪个部队？海军？陆军？火箭军……请向同学们表达自己的愿望,并简要说明理由。

第二篇

国家富强篇

第一章
美梦成真　震撼全球

1. 加入世贸　推进开放

【梦境回放】

2001年11月10日深夜,世界贸易组织第四届部长级会议审议通过中国加入世界贸易组织的决定。这一天,距1986年7月中国正式申请恢复关贸总协定缔约方地位,已经过去了15年。

我国复关和入世谈判可以说是跌宕起伏,艰苦卓绝。15年间,谈判代表团团长换了四任,黑发人谈成了白发人。这15年的谈判历程,正是我国改革开放不断深化、经济实力不断增强的历程,是我国融入经济全球化进程的真实写照。15年间,我国从追求温饱到实现小康,完成了一个历史性的跨越。

这15年在中华人民共和国的历史上,必将是令人难以忘怀的篇章。

【说梦解梦】

中国做对了,世界也做对了

开着省油的日本车或拉风的德国车,到电影院看与美国同步上映的3D大片,其间不时吃着德芙巧克力,用苹果手机发微博,或许看完电影还要逛一逛屈臣氏或是家乐福……如今在中国司空见惯的场景,在加入世贸组织前是不可想象的。加入世贸组织使中国百姓生活发生了翻天覆地的变化:曾经连想都不敢想的20多万元的"老三样"——捷达、桑塔纳、富康,如今已成为最简单的代步工具;到银行只是去存款的概念,也随着外资银行多样化服务的到来被打破,曾经冷冰冰的柜台人员如今会露出一口小白牙笑着向您介绍理财产品;而国外电器在进入中国的同时,不仅刺激了中国电器企业的发展,更是带来了一场旷日持久的价格战,使电视、电脑、空调这些曾经"娇贵"的高科技产品,动不动就被更新换代,"打折消费"。"入世"给中国带来的不仅仅是数字上的"腾空翻",更是渗透到我们生活中每个角落的便利。

入世的受益者不仅是中国,还有整个世界。2009年11月,"中国制造"形象广告开始在美国主要媒体播放,传达"中国制造,世界合作"的真相。事实上,中国制造也是世界分享利益的过程。如今,从美国人的被子到意大利人的皮鞋,从俄罗斯人穿的衣服到科特迪瓦人使用的餐具,几乎都能发现"Made in China"的影子。入世后,中国对全球GDP的贡献率居各国之首,进口年均增长20%以上。中国为世界提供了一个大市场。现在,全球企业都想知道中国消费者的口味,他们把最大的研发中心设在中国,中国市场也毫无悬念地成为他们各自经济增长的亮点。

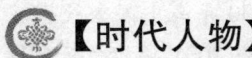

【时代人物】

马云:加入WTO,中国一定能诞生世界级公司

马云,阿里巴巴集团主要创始人之一、阿里巴巴集团主席和首席执行官,旗下网站有阿里巴巴、淘宝、支付宝。马云是最早在中国开展电子商务应用并坚守在互联网领域的企业家,他和他的团队创造了中国互联网商务众多第一。

1999年3月,马云和他的团队以50万元人民币创业,开发阿里巴巴网站。1999年10月和2000年1月,阿里巴巴两次共获得国际风险资金2500万美元投入,马云以"东方的智慧,西方的运作,全球的大市场"的经营管理理念,迅速招揽国际人才,全力开拓国际市场,同时培育国内电子商务市场,为中国企业,尤其是中小企业迎接"入世"挑战构建一个完善的电子商务平台。

淘宝网——亚洲最大网络零售商圈,由阿里巴巴集团于2003年5月10日投资创办。2006年,淘宝网成为亚洲最大购物网站,同年,中国网民突破1亿。很多都市白领下班后已经不再去周边的商厦逛街购物,而是习惯上网"逛街"。调查数据显示,每天有近900万人上淘宝网"逛街"。同时,只要你肯动手,还可以随时在淘宝网上开一家小店,你也不用担心赔本了怎么办,因为开始时几乎是零成本——目前已经有超过30万人在淘宝网上成功实现了这个梦想,他们仅仅依靠在淘宝网上开店经营获得的收入,就足够过上体面的生活。马云相信,这群通过互联网这个便利平台实现个人抱负的人,终有一天会成为这个社会的商业因子。而在他们的推动下,中国商业社会的重新建构,真正做到让每一个有梦想的人实现自我价值,而互联网不仅仅是作为一个应用工具存在,它将最终构成生活的基本要素。

马云说过:"加入WTO,我坚信中国市场本身就是跨国市场,在中国一定能诞生世界级的公司,中国一定能诞生世界级的企业家。"阿里巴巴两次被美国权威财经杂志《福布斯》选为全球最佳B2B站点之一,马云也获选2000年《福布斯》杂志封面人物,成为50年来中国企业家获此殊荣的第一人。美国亚洲商业协会评选马云为2001年度"商业领袖",以表彰他在创新商业模式及帮助各国企业进入国际市场实现全球化方面所做出的贡献。哈佛大学两次将他和阿里巴巴经营管理的实践收录为MBA案例并引用了马云对阿里巴巴的核心价值的阐述,"马云认为阿里巴巴的价值不在于每天的浏览量是多少,而在于能否给客户带来价值。"以此来表明对阿里巴巴迅速发展的认可。

"梦想、学习和坚持",是马云总结的阿里巴巴以及自己成功的秘诀。在马云看来,人必须要有自己坚信不疑的事情,而自己坚信的是,互联网会影响中国、改变中国,中国可以发展电子商务,而电子商务要发展,则必须先让网商富起来。除了理想外,坚持也是马云非常看重的一点,"很多人比我们聪明,很多人比我们努力,为什么我们成功了,我们拥有了财富,而别人没有?一个重要的原因是我们坚持下来了。""如果空有理想,没有坚持,理想将变成一种痛苦。"学习能力,也是阿里巴巴不断成功的要素。"中国经济、世界经济、互联网加上我们的年轻,如果我们不学习,不成长,我们对不起自己,也对不起这个时代。"

【中国梦,我的梦】

入世是中国主动参与经济全球化的起始,今天的中国,已成为世界第二大经济体和全球第一大出口国,中国经济正逐步融入相互依赖的国际经济之中。加入世贸组织意味着中国可以享受公平的贸易待遇,增强在国际贸易规则制定中的发言权和主动权,增强中国的综合国力。但入世并不意味着天上掉馅饼,它是为国内经济融入国际竞争搭设了更广阔的舞台。

今后类似国际金融风暴等各种危机也许会不时发生,这必然给中国经济发展带来新的考验;不合理的国际经济旧秩序仍然存在,中国与其他国家的贸易、经济摩擦不断;广大发展中国家参与制定规则和运用规则的能力仍显不足。总之,各种社会、经济、文化、体制的挑战都摆在面前。

面对日益激烈的国际竞争,今天的中国呼吁每个年轻人要有远大理想、坚定信念、深厚底蕴,要有更多的竞争意识、更多的改革思想、更多的创新精神。

2. 北京奥运 无与伦比

【梦境回放】

2001年7月13日,莫斯科当地时间18时15分(北京时间22时15分),国际奥委会主席萨马兰奇在世界贸易中心会场庄重宣布:2008年奥运会主办城市——北京。这是一个令所有中国人兴奋、激动和扬眉吐气的时刻,第二次申办奥运会的北京,面对强大对手的挑战,以高水平的申办工作和泱泱大国的实力,赢得了2008年奥运会主办权。中国人一个世纪的奥运梦想终于实现了。

1990年7月3日,85岁高龄的邓小平视察为北京亚运会新建的奥林匹克体育中心和亚运村。他站在体育场的高架桥上,环视眼前宏伟的建筑群,用浓重的四川乡音缓缓地说:"你们办奥运会的决心下了没有?为什么不敢干这件事呢?建设了这样的体育设施,如果不办奥运会是个浪费,就等于浪费了一半。"第一次申办奥运会的北京虽然没有成功,但是北京依然看到了自己的"分量"。43∶45,仅两票之差,极小的差距。在沉默了5年后,北京宣布申办2008年奥运会。与8年前相比,无论是中国还是北京市,财政实力大大增强。1999年,中国国民生产总值(GDP)超过一万亿美元,北京达到240亿美元,此时的北京更有实力了。国际奥委会评估团对北京申奥工作给予了充分的肯定,认为北京提出了一个非常好的比赛规划以及场馆建设方案,这将给奥林匹克运动的发展和北京人民的生活留下一笔宝贵的财富。

2008年8月8日～8月24日,第29届夏季奥运会在中华人民共和国首都北京举行,本届奥运会聚集了204个国家和地区的体育精英、80多位国家、地区首脑,参赛运动员11438人,设302项(28种运动)比赛,这昭示着中国强大的亲和力与号召力。本届奥运会共创造43项新世界纪录及132项新奥运纪录,共有87个国家在赛事中取得奖牌。中国以51枚金牌居金牌榜首名,是奥运历史上首个登上金牌榜榜首的亚洲国家。

【说梦解梦】

北京成功举办2008年奥运会,圆了中国人民及海外华人华侨一个世纪的奥运梦。百年前,中国的体育先驱者慨然发问:中国什么时候派一名运动员参加奥运会?中国什么时候派一支队伍参加奥运会?中国什么时候举办奥运会?从1932年刘长春代表中国只身参加奥运会到1984年洛杉矶奥运会金牌零的突破;从1993年申奥失利到2001年申奥成功,多少难忘时刻令人铭记,多少瞬间载入史册。百年来国人对奥运的热切企盼从未止息,对奥运的梦想是中华民族的情结,人们在这条曲折的道路上奋然前行,不惜为此付出艰辛、汗水甚至生命。

2008年奥运会是现代奥运会第三次在亚洲登陆,第一次在发展中国家举行,也是第一次在世界四大文明古国举办。全世界都在注视中国这片古老又现代的大地,而北京给了世人空前的想象,那梦幻神奇的开幕式,昭示着奥林匹克精神在这里传播;借助北京奥运会,中国传统文化的精髓——和平、和谐传播到全世界。奥运会是中国向世界展示自己,让世界了解自己的一个最好、最大的机会和平台。历史上从来没有一次国际性活动,前来与会的国家、地区和人员会这么广,这么多。而这么多人,他们除了参与奥运、观看奥运,毫无疑问还希望借机观察中国、了解中国、熟悉中国。如果他们能够理解中国、欣赏中国,并发现中国的魅力之所在,那么很可能还会爱上中国,会到世界各地宣传中国。

世界上的人们说不同的语言,有不同的肤色,但奥林匹克运动会给我们带来的是共同的欢乐。感谢"地球村"这个词,它使世界各国的人民显得更加亲近。当奥林匹克圣火在北京点燃时,也许世界各国的人们都在用不同的语言在心里默念同一句话:同一个世界,同一个梦想!

我们在缔造奥运、参与奥运、服务奥运的同时,奥运同样也在改变着我们,比如速度、习惯、理念、意志、交通、环境等等。奥运会是一个体育的竞技场,但她更是对我国的经济实力、政治稳定、社会治安、民众素质、技术水平、环境卫生的一次综合检阅。对于奥运,我们不光只有付出,我们同时还有着巨大的收获:理解、信任、赞誉、友谊、机遇、发展、快乐、自信……

　　有人说,北京奥运会是送给中国改革开放 30 周年纪念的一件最好的礼物,也是改革开放 30 年的最好的总结,但北京奥运会更重要的意义是对中国进一步改革开放的促进和推动。奥运之后,中国越来越开放,更加深入地融入国际社会,就像此次奥运会主题歌所唱的那样:我们同住地球村,永远一家人。

【时代人物】

志愿者:2008 年北京奥运会的一抹亮色

　　奥运期间,约 40 万名城市志愿者为奥林匹克大家庭成员、中国国内外媒体记者、观众、游客以及首都广大民众提供信息咨询、应急服务、语言翻译等志愿服务活动。他们用热情、礼貌、友好造就了北京奥运的一道独特风景。这些谦逊有礼、不卑不亢的志愿者,给外国观众留下了深刻印象。"他们无与伦比,"一位澳大利亚观众说,"他们总是在你需要帮助的时候出现,训练有素,非常专业。"

　　开幕式举办时观众多,人流涌动时间长,从地铁 10 号线和 8 号线的换乘枢纽开始,志愿者们不断重复"请持票观众从正确的入口进入"。每 10 米就有一个志愿者,形成人墙,提示观众走向正确方向。面对奥林匹克公园宽阔的路面和流向难以控制的人群,有三路志愿者形成一个"川"字,中间一路志愿者随着两侧人流量的变化,不断转身照顾另一侧的观众。这也是开幕式结束后迅速疏散的方法之一——翻转人墙。"鸟巢"共有 11 个出口,9 万人前往公共区出口、公交车站和地铁,基本上各占三分之一的比例。无论是公交车站还是地铁站附近,都有不同阵形的志愿者队伍,"雁行阵"是个三角形,从外向内输送,而每 5 米一人的"长城式志愿者分布",就像长城城墙上凸起的垛口,每隔一小段一个人,均匀分布在面积比较大的地方,残疾人则被志愿者们接力护送。

赛会志愿者达到10万人,在校大学生占76%,35岁以下占91%。这些活跃在奥运会核心区的年轻人是服务质量最重要的保证。看台服务的志愿者工作时必须面向看台,他们身在赛场,却无法看到比赛。对这一点,他们并不觉得遗憾:"当时我满脑子都想着自己的责任,只想着一定要把秩序维护好。"

除了场内的核心服务人员,赛场外还有40万名城市志愿者,保障北京市信息咨询、语言翻译和应急服务。另外,更广大的100万名社会志愿者,分布在社区治安、交通站点等一个个最细小的分支上。这三层服务网络,几乎囊括了一位外国观众从走下飞机到回国上飞机前的每时每刻。奥运志愿者们从开幕式就开始不断得到激励和反馈,国际奥委会主席罗格在奥运会开幕致词上就说"没有他们,这一切将不可能实现",北京志愿者协会因此获得"联合国卓越志愿服务组织奖"。

【中国梦,我的梦】

在北京奥运会上,各国健儿用顽强的拼搏诠释了奥林匹克精神的内涵。牙买加"飞人"博尔特在男子百米决赛中,不可思议地跑出了9秒69的成绩。33岁的中国名将冼东妹成功卫冕柔道女子52公斤级冠军,成为中国奥运代表团历史上第一个"妈妈冠军"……作为一种信念和精神,更快、更高、更强的意义并不局限于体育运动本身,而应拓展到人类社会生活的诸多领域。在体育赛场上,它意味着不畏强手、顽强拼搏,敢于竞争、敢于胜利;在社会生活中,它则意味着奋发进取、永不满足,不断战胜自己、超越自我,追求新的目标和新的境界。俗话说:"不经历风雨,怎能见彩虹。""不经一番寒彻骨,哪得梅花扑鼻香。"奥运精神激励着我们乐观、积极地看待人生,勇敢面对挫折和失败,教会我们用心去体会、发掘生命的价值。

有了这种信念和精神,一个国家、民族就能具有强大向心力和凝聚力,从容应对风险和挑战,不断实现发展和进步;一个人就能奋发向上,不断进取,得到社会认可,实现自己的人生价值,拥有快乐、幸福的生活。

3. 飞天深潜　科技领先

【梦境回放】

"敢上九天揽月，敢下五洋捉鳖"，这是毛泽东浪漫主义情怀的抒发，经过半个世纪的奋斗，这浪漫的诗句已成为我们今天亲眼目睹的现实，从"神舟"上天到"蛟龙"入海，中国科学家用自己的实践诠释了伟人的梦想。

2003年10月15日9时整，这是每一位华夏儿女都无法忘记的时刻，我国自行研制的第一个航天载人飞船——"神舟五号"宇宙飞船在酒泉卫星发射中心成功升空，中国人五千年的飞天梦想终于实现了！而航天英雄杨利伟成为第一位有幸遨游太空的中国人，这预示着中国航天事业从此走向繁荣发展的时期。

在短短两年后，我国又研制出了"神舟六号"宇宙飞船，由航天员费俊龙、聂海胜两人承载飞船进入太空，实现了航天员直接参与空间科学实验活动的新跨越。2008年9月25日，第三艘载人飞船"神舟七号"成功发射，航天员翟志刚、刘伯明、景海鹏顺利升空，翟志刚身着我国研制的"飞天"舱外航天服进行了19分35秒的出舱活动，中国成为世界上第三个掌握空间出舱活动技术的国家。

2011年9月29日21时16分，中国无人太空实验舱"天宫一号"成功进入低地球轨道，为建设探索太空的前哨——永久载人空间站迈出关键一步。

2011年11月1日5时58分，我国自行研制的"神舟八号"飞船发射升空，并与"天宫一号"目标飞行器进行交会对接，实施我国首次空间无人交会对接试验。

2012年6月18日，"神舟九号"载人飞船执行了自动交会对接任务，标志着中国较为熟练地掌握了自动交会对接技术及载人航天技术的进一步成熟，刘洋成为我国首位进入太空的女宇航员。

2013年6月11日17时38分，在地动山摇般的轰鸣声中，托举"神十"飞船的长征二号F火箭腾空而起，搭载着3名航天员的"神舟十号"

飞船飞向太空,中国天地往返运输系统首次应用性太空飞行拉开序幕。

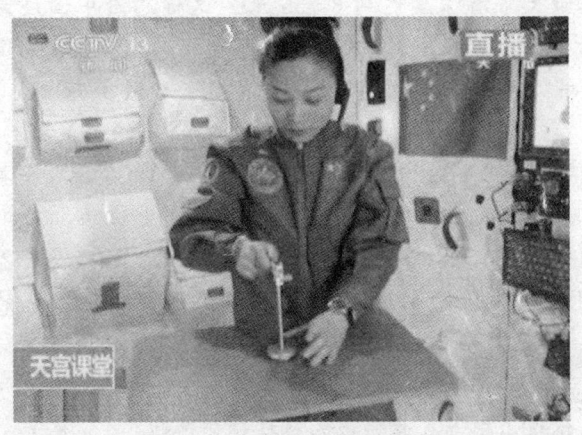

2013年6月20日上午10点,"神舟十号"航天员王亚平担任主讲,进行中国首次太空授课。图为王亚平在做"小球实验"。

深海潜水器是海洋技术开发的前沿与制高点之一,体现着一个国家的综合技术力量。目前美国、法国、俄罗斯、日本拥有世界上仅有的5艘6 000米级深海载人潜水器。

3 飞天深潜 科技领先

2010年8月26日,"蛟龙号"深海载人潜水器在南海取得3 000米级海试成功,最大下潜深度达到3 759米。这标志着中国成为继美、法、俄、日之后第5个掌握3 500米以上大深度载人深潜技术的国家。

2011年7月26日,"蛟龙号"在下潜试验中成功突破5 000米水深大关。

2012年6月24日,中国载人潜水器"蛟龙号"在西太平洋的马里亚纳海沟试验海域成功创造了载人深潜新的历史纪录,首次突破7 000米,最深达到7 020米海底。这意味着"蛟龙号"已经成为世界上下潜能力最深的作业型载人潜水器,可在占世界海洋面积99.8%的广阔海域自由行动。我国具备了载人深潜可在全球99.8%的海洋深处进行作业的能力,也成功验证了"蛟龙号"本体在深海光、电、声、图像等一系列的集成技术,体现了中国在此领域的科技领先地位。

【说梦解梦】

从苍穹太空到幽冥海底,中国在高新技术领域取得的硕果不断呈现,彰显了我国日益强盛的综合国力。"神舟"上天,"蛟龙"下潜,这两件大事,可谓是中华民族的"奇景"。

"神舟"承载着中华民族执著的飞天梦。沿着北纬40度线,从托举"神舟"升空的酒泉卫星发射中心向西不远,就是举世闻名的艺术宝库———敦煌。走进大大小小的洞窟,"飞天"彩塑和壁画比比皆是,有的展臂翱翔,有的俯首低旋,有的扬手撒花,有的翩然飞舞,个个神采飞扬、栩栩如生。华夏祖先们仿佛很早就洞悉了现代宇航的"失重"概念,把人在太空自由飘浮的形象刻画得活灵活现。

在中国古代,飞天不只是梦想,还有很多伟大的实践先驱。500多年前,一个叫万户的人坐在捆绑着49支"起火"(土火箭)的椅子上,手持两个大风筝试图一飞升天,表现了惊人的胆略和非凡的预见。为了纪念这位世界上"火箭载人"飞行的先驱,世界科学家们将月球上的一座环形山以他的名字命名。我们伟大的祖先,在人类古老的飞天路上,书写了灿烂的科技篇章。

1988年5月,人类第一位登上月球的美国宇航员阿姆斯特朗访问中国,他在演讲时有两句自问自答式的开场白:"人类第一位向往飞向月球的是谁?是中国古代的一位美丽姑娘。人类第一个登上月球的是谁?是一位美国人。那个美丽的中国姑娘就是嫦娥,那个美国人就是我。我向月球跨了一小步,人类向前跨了一大步。"阿姆斯特朗的演讲使我们清醒地认识到,在向太空挺进的旅程中,世界先进国家比我们走得更快、更远,面对激烈的空间科技竞争,中国人只有快马加鞭,迎头赶上。

2000年11月22日,中国发表《中国的航天》白皮书,宣布中国将开展以月球探测为主的深空探测的预先研究。次年,国家航天局公布了《中国航天"十五"发展纲要》,航天员飞天将经历"三步走"。

无论是浩瀚的太空或是深邃的海底,都是人类千百年来梦寐以求探索的区域。探索太空、深海,对促进一国经济、社会、科技和人民生活进步都有非常重大的作用,会带来相当可观的增值红利。按照国际通用的评估,航天领域每投入1元,会产生7至12元的回报。美国阿波罗登月计划拉动了计算机、超高强度材料和耐高温材料等一大批新兴科技工业群体的出现；俄罗斯和平号空间站运行头十年，就发现了10个稀有金属矿和117个油脉。我国1 100多种新型材料中的80%是在空间技术的牵引下研制完成的，近2 000项航天技术成果已广泛应用于卫星通讯导航、气象预报、防灾减灾、食品生产等领域。

与此同时，海洋资源的开发和利用日益受到各国的重视。我国50米等深线以内的浅海海域约有30亿亩，如果能充分开发利用，它所产生的价值相当于增加10亿亩可耕地。我国管辖海域内仅沿海海域已探明的石油蕴藏量达到300亿吨左右，除此之外，还有海底可燃冰——就是在深海水下形成的甲烷水合物，也称为固态天然气，它的能量密度是石油的10倍，仅在南海北部的蕴藏量就相当于700亿吨石油。这意味着我国按现在一年约消耗四五亿吨石油的需求量还可以用100多年。可以说，中国经济的未来在海洋。深海潜水器特别是深海载人潜水器，是海洋开发的前沿与制高点之一，其质量及水平反映出一个国家在材料、控制、海洋学等领域的综合科技实力。"蛟龙号"可在占世界海洋面积99.8%的广阔海域使用，能完成水下各种矿产资源、海底地质、地貌，乃至水文、洋流等的科学探测、考察与传输，为认知海洋开创了新途径，为开发海洋提供了新支撑，为利用海洋聚集了人气，更为保卫海洋积累了软实力。

【时代人物】

聂海胜：五次载人航天　首位飞天将军

2013年6月11日下午17时38分，在巨大的轰鸣声中，长征2F遥十火箭拔地而起，将"神舟十号"载人飞船发射升空，聂海胜与另两位航天员张晓光、王亚平搭乘"神舟十号"飞船出征太空。

被"神十"航天员张晓光和王亚平称为"聂师兄"的聂海胜，除了"神六"和"神十"执行飞天任务外，在"神五""神七"和"神九"任务中也都进入了备份乘组，是唯一一位从"神五"到"神十"五次参与载人任务的航天员。聂海胜身材挺拔,笑容憨厚。已近知天命之年的他再次以指令长的身份率领"神十"乘组飞向太空,成为我国飞向太空的最年长的航天员,于2011年晋升少将军衔的聂海胜,也成为首位以将官身份进入太空的中国航天员。

聂海胜

当飞行员是聂海胜的梦想,小时候在山坡上放牛躺着睡着的时候,从没见过飞机的他做过一个奇怪的梦,梦见自己长出一双大大的翅膀飞上蓝天。聂海胜是幸运的,高中毕业时遇上了招飞。来到航校,聂海胜好似鸟儿上了天,他觉得自己是为飞行而生的,要不儿时为何会做那个无缘无故长翅膀的梦?为何摸着操纵杆就熟悉得像老朋友一样操作自如?

1998年1月,聂海胜正式成为我国首批航天员。经过多年的航天员训练,他完成了基础理论、航天环境适应性、专业技术等8大类几十个科目的训练任务,以优异的成绩通过航天员专业技术综合考核。2005年10月,"神舟六号"升空,聂海胜与费俊龙承载飞船进入太空,5昼夜的太空之旅,他们不仅成了中国载人航天史上行程最远的人,而且在太空中创造了一项又一项的纪录:第一次进行多人多天太空飞行试验;第一次进入轨道舱;第一次实施对地观测、海洋污染监测、大气状况监测、植被状况监测以及生物科学和材料科学的研究;第一次在太空完成压力服穿脱试验、吃上热食和复水食品。2005年,聂海胜与费俊龙一起当选"感动中国十大人物",颁奖词是这样描述他们的事迹的:"谁能让全世界五分之一的心灵随着他们的节奏跳动五天五夜?谁能从前所未有的高度见证中国实力的飞跃?他们出征苍穹,画出龙的轨迹,升空日行八万里,巡天遥看一千河,他们是中国航天的黄金一代。"

聂海胜这位指令长在"神十"乘组里被视为"定海神针",正如王亚平所言:"聂师兄在我眼里稳重、踏实,是一个值得信赖的人。他对自己要求非常严格,他要求我们做到的事情,他自己一定会做到。聂师兄给我的感觉就是,他是我们乘组的定海神针,只要有他在,我们心里就很踏实。"执行航天飞行任务所需要付出的努力和艰辛,是常人难以想象的。每次任务都不同,每次任务完了以后对下一次的任务都要进行充分的准备,先要对新的任务开始理论方面的学习,然后是操作方面的学习,最后才能通过各种的选拔过程来保障自己的技术、能力一直保持在比较高的水平。第二就是身体上一直要坚持锻炼,每位航天员都有很严格的体育锻炼制度,进入中国航天员大队15年,聂海胜的训练和体育锻炼从未间断。

如今,聂海胜已经是中国人民解放军航天员大队特级航天员,而他仍然选择继续面对艰苦的训练,甚至还有任务过程中可能遭遇的危险,航天事业已经融入了他的生命。

【中国梦,我的梦】

随着地球大陆资源日益枯竭,外太空和海洋正成为人类解决资源短缺、拓展生存空间的战略必争之地。未来谁在太空和海洋形成领先优势,谁就能牢牢把握未来的战略主动权和发展先机。在载人航天领域,美国、俄罗斯等领先者从未懈怠、持续投入,日本、印度等后起者雄心勃勃、大步追赶,70多个国家直接投入航天探索;在载人深潜领域,美日法俄等国同样展开了激烈的竞争。短短20年,中国航天技术大步跨越,成为世界上第三个能够独立开展载人航天探索的国家;短短10年,中国载人深潜从一片空白起家直指同类型作业载人潜水器的世界纪录。这样的"中国速度"、"中国创造",靠的就是中国人自强不息、自主创新的拼搏进取。

目前,我国科技的总体水平同世界先进水平相比仍有较大差距,随着我国综合国力日益增强,发展科技事业将继续以国家战略的方式全力推动。"非常的事业需要非常的人才",无论是过去、现在和将来,一流的青年人才队伍,是实现国家科技领先,综合国力增强的重要保证。目前,我国航天系统已经形成60后唱主角、70后挑大梁、80后当中坚的模式,载人航天领域技术人员的平均年龄31岁,很多重要岗位和职位,满目都是年轻人。在"蛟龙号"7 000米级海试团队96名参试队员中,50岁以下的55人,最小的只有24岁。这些充满自信与能力的年轻人才群体,是中国航天、深潜事业的希望所在,也是国家持续发展不可或缺的战略资源。

当今时代,许多新知识、新概念、新信息走进我们的生活。处在这个时代的青年人必须用现代科技知识来武装自己的头脑。中学阶段正是学生身心成长的重要时期,在学习基础知识的过程中,更要自觉培养科技意识和创新动手能力,秉承传统、甘于奉献、励志求知,才能在科技事业的发展中唱响青春之歌。

4. 百花齐放　文化繁荣

 【梦境回放】

人们常把文化视为一个民族的灵魂,也是一个国家的"软实力"。我国是世界四大文明古国之一,拥有丰富的文化资源。截至 2012 年,我国共有世界文化遗产 24 个,自然与文化双遗产 5 个,在世界排名第三,在人类文化发展历程中亦有重要的一席之地。由于受近代战乱所致,中国文化的自身实力和影响力一度跌落,新中国成立后特别是改革开放以来,我们再度扬帆起航,依托先辈们留下的文化宝库,结合本国的发展,使文化软实力有了大步提升。时至今日,中国覆盖城乡的公共文化设施网络体系初步建成,人们可以免费参观博物馆、使用图书馆等公共文化设施;广大居民的旅游、文化消费大幅增加,使得文化产业得到迅速发展。以电影为例,我国电影票房从 2003 年的 11 亿元增长到

共享

2012 年的 170.73 亿元,居世界第二。中国电影市场也不再是国外大片主导的天下了,《唐山大地震》《泰囧》《致我们终将逝去的青春》等都赢得了良好的口碑。更值得一提的是我国的文化价值观逐步得到世界

的认同。2008年北京奥运会和2010年上海世博会的成功举行,提供了中国与世界各国之间增进了解与沟通的最佳平台。中国提出的"和谐世界"理念成为了中国文化价值观中普世性的最佳体现,它让人们了解到中国的和谐理念,并在世界范围内产生了强烈的价值认同。

【说梦解梦】

一个真正的大国、强国,不仅需要硬实力,更需要软实力的支撑,包括文化的号召力和改造力。回顾历史,在1840年鸦片战争之前,中国也曾是世界上经济总量最大的国家之一,但是却被英国一支现代化的远洋舰队跨越半个地球轻松击败。这说明什么?一个国家的国际影响力与国际地位,仅靠经济总量的增长是远远不够的,更要依赖于这个国家雄厚的综合国力。

文化作为综合国力的重要组成部分,是推动经济发展的重要杠杆,还代表着一个国家和民族的文明程度、发展水平。在全球化的今天,强大的文化就是强大的国际影响力,反映了一个国家的国际竞争力。以美国为例,"好莱坞"影片占据了世界三分之二的电影市场总票房,而"好莱坞"输出的又何止是电影这么简单,它也向全世界输出了美国的价值观念和生活方式,其影响是不言而喻的。在综合国力体系中,国家的文化底蕴和实力相当于一个人的"精气神",文化建设是关系到国家社稷安危的大计。

文化产业被称为绿色产业、环保产业,文化产业在GDP中所占的比重提高对经济结构的调整、资源节约、节能环保都具有积极意义。美国的电影业、英国和意大利的创意产业、日本的动漫业、韩国的游戏业产值都超过了各自国家钢铁业的产值,文化产业对GDP的贡献越大,经济结构就越趋向合理平衡。我国的文化产业虽然起步较晚,但由于国家适当宽松的文化产业发展环境、财政上的支持、有效的知识产权保护政策等,使得文化产业得到了迅速发展。据统计,2005~2012年间,文化产业法人单位增加值年均增长超过23%,高于同期GDP年均增速。文化产品创作生产蓬勃发展,涌现出一大批思想性、艺术性、观赏性相统一的精品力作。目前,我国图书出版、电视剧生产居世界第一,电影票房居世界第二。电影票房不断增加,而且多部影片走向国际市场,打破了长久以来国外大片主占中国市场,而中国电影无法走向世界的僵局。同时,一大批极具中国特色的文艺表演不仅在国内得到了广大观众的赞誉,同时在国外也获得了巨大的成功,如聋哑人舞蹈《千手观音》、中华武术、杂技艺术等。

文化是国与国之间、民族与民族之间的桥梁,以文化为桥梁,我们了解了世界,也让世界了解中国。文化交流的实质是与世界各国人民之间心灵的沟通和情感的交流,我们通过文化交流,在沟通、了解的基础上达到理解与尊重。中国与世界上一百多个国家保持着不同形式的文化交往,与数千个国外和国际的文化组织有着各种形式的联系;中国戏剧、民乐在世界各地成功演出,受到热烈追捧;中国的学生到世界各处和其他国家的同龄人进行思想文化的交流,这些都向世界展示了中国优秀文化的丰富内涵和艺术魅力。不同文化间的交流正是国与国之间的"润滑剂",它的存在使得国与国、民族与民族之间的沟通和交往更多了几分的"光滑"与和谐。

【时代人物】

莫言——中国第一位获诺贝尔文学奖的本土作家

当太阳越过日期变更线,东方和欧洲同在这一天——2012年10月11日迎来一个令人欣喜的消息。这天,诺贝尔奖评审委员会宣布:中国作家莫言获得2012年诺贝尔文学奖。诺贝尔委员会给其的颁奖词为:莫言"将魔幻现实主义与民间故事、历史与当代社会融合在一起"。(The Nobel Prize in Literature 2012 was awarded to Mo Yan "who with hallucinatory realism merges folk tales, history and the contemporary".）莫言的名字被大众熟知,是电影《红高粱》公映之后,作为中国新一辈极具活力的作家之一,莫言的丰富想象空间与澎湃辗转的词锋总是能叫人惊叹不已——诚如作家张大春在为其作品《红耳朵》作序时所言:"千言万语,何若莫言"!

　　莫言自上世纪80年代中期以一系列乡土作品崛起,充满着"怀乡"以及"怨乡"的复杂情感,被归类为"寻根文学"作家。其作品深受魔幻现实主义影响,写的是一出出发生在山东高密东北乡的"传奇"。莫言在他的小说中构造独特的主观感觉世界,天马行空般的叙述,陌生化的处理,塑造神秘超验的对象世界,带有明显的"先锋"色彩。1986年发表的中篇小说《红高粱》,引起读者的反响强烈,当年被推选为《人民文学》"我最喜爱的作品"第一名。在经历《红高粱》的写作高峰后,莫言继续寻求突破,创作了大量中短篇作品及数部极具分量的长篇小说,如《酒国》及《丰乳肥臀》等,不少小说集如《红耳朵》及《传奇莫言》亦先后在台湾推出。由于童年大部分时间在农村度过,莫言一直深受民间故事或传说所影响,故乡山东高密的一景一物正是他创作的灵感源泉,在乡下流传的鬼怪故事,也成为莫言许多荒诞小说的材料。《十三步》中出现了神秘的南美洲魔幻写实,描写一个人的"变身",以华丽的语言带出一浪接一浪的神秘。《酒国》则以充满浪漫色彩的描写,绘画出一个盛产名酒地方的故事。《红树林》实现了小说题材的时空转换和创作方法的探索更新,是对自己的一大超越。

　　作为中国当代最重要的作家之一,他的作品都值得被阅读、被了解、被铭记。莫言先后发表长篇小说十一部,中短篇小说一百余部,并有剧作、散文多部;其中许多作品已被翻译成英、法、德、意、日、西、俄、韩、荷兰、瑞典、挪威、波兰、阿拉伯、越南等多种语言,在国内外文坛上具有广泛影响。莫言和他的作品获得过"联合文学奖"(台湾),"华语文学传媒大奖·年度杰出成就奖",法国"Laure Bataillin外国文学奖"等众多国内外奖项。

【中国梦，我的梦】

我国是一个多民族的国家，各民族的兄弟姐妹孕育了以爱国主义为核心，团结统一、爱好和平、勤劳勇敢、自强不息的民族精神，这是我国文化"软实力"提升的精神动力，需要我们在实践中加以传承和弘扬。

我国博大精深的文化是中华民族几千年文明的结晶，具有强大的生命力和创造力。在民间，人们对文化艺术的喜爱更是融入到日常生活中，成为人们不可或缺的生活内容。这些都是我国文化的吸引力所在，也是繁荣我国文化事业的基础。随着经济全球化的发展，我们看到各国思想和文化在国际舞台上的交流和竞争日盛，如何面对国外文化的冲击和碰撞，是摆在我们面前的一次挑战。

作为一名当代中学生，我们应清醒地认识到：文化人才的培养是我国文化长期发展、提升文化"软实力"水平的后备军。文化产业的人才通常概括为两大类型：第一类是文化产业创意人才。我们需要发掘我国文化当中的优秀因子，利用本国的资源优势，结合自身日益成熟的产业发展模式，强势推出民族品牌，实现从"中国制造"到"中国创造"的转变。这类人才类型的关键特征是其文化创新性，同时文化和艺术素养较高，知识结构和能力结构呈复合性，市场意识具有敏锐性，更注重个人价值的实现。第二类是文化产业经营管理人才。在对外文化交流中我们要了解海外受众的需求，了解国际文化市场的需求，善于运用国际经验和惯例来传播中国文化。这类人才能善于市场策划和运作，善于对策划、设计、生产、包装、销售等各个环节进行规划、统筹和运作，具有较强的综合素质，具备将专业知识与其他领域的知识相联系的能力。

让我们一起为实现祖国的文化繁荣之梦而努力！

5. 经济大国　实现腾飞

【梦境回放】

中国这个历史悠久、人口众多的文明大国,在生产力发展、科技创造、思想学术以及文明道德等方面,曾经长期处于世界领先地位,对人类社会发展和世界进步做出过不可磨灭的巨大贡献。长期从事中国科技发展史研究的英国学者李约瑟作出的结论是:"中国完成的发明和技术发现,改变了西方文明的发展进程,并因而也确实改变了整个世界的发展进程。"从公元前到公元1820年,中国的GDP一直占世界的1/4~1/3,1820年,占世界的32.1%。17世纪以后欧美各国由于资本主义发展后来居上,中国仍然停滞在封建时期,紧接着中国又遭受帝国主义侵略,陷入半封建半殖民地社会,中国落伍了。

1949年,在中国共产党的领导下,中国人民经过长期浴血奋斗,推翻了"三座大山",建立起社会主义制度,人民当家做主。中国开始变了,生产力有了重大发展,人口素质和人民生活水平有了很大提高。然而实现民族经济的腾飞,不断提高人民的生活水平,始终是我们各族人民不懈的追求与梦想。

【说梦解梦】

2011年2月15日《中国日报》报道,日本内阁府14日公布的初步数据显示,2010年日本名义国内生产总值(GDP)为5.4742万亿美元,而中国的这一数字为5.8786万亿美元。这意味着中国首次超过日本,成为世界第二经济大国。此前已有多个机构的统计数据显示,中国超越日本成为世界第二经济大国,而日本官方在14日公布的数据首次证实了这一说法。根据国际货币基金组织的统计数据,2010年日本GDP为5.39万亿美元,而中国的GDP为5.75万亿美元。日本2010年的经济增长率约为2.8%,而中国的增长率则在10%左右。

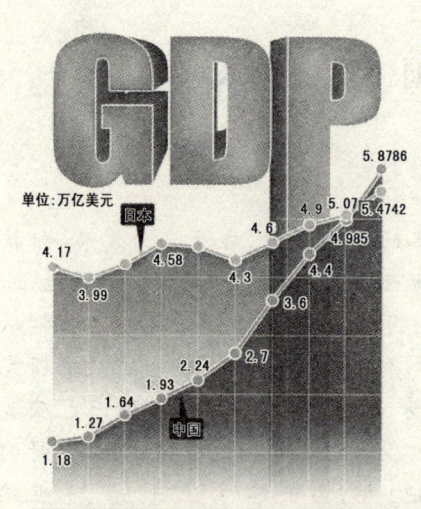

英国媒体报道称,日本经济受到出口下降和消费需求减少的影响,而中国的制造业则在蓬勃发展。日本媒体指出,受人口老龄化与通货紧缩等因素的影响,日本经济增速缓慢,而中国经济则保持持续高速增长,两国间的差距今后势必还将不断拉大。

日本早稻田大学现代中国研究所所长天儿慧表示,中国 GDP 超过日本这一现象是完全可以预测的,"2002 年中共十六大召开时,中国政府提出 2020 年 GDP 从 2000 年的 1 万亿美元上升至 4 万亿美元,而现在这个目标提前了 10 年实现。"

有专家预测,按照目前的发展速度,中国经济规模有望在十年内超越美国,届时中国将成为全球第一大经济体。《日本经济新闻》称,中国 GDP 超过日本跃升为世界第二的 2010 年可视作世界经济的历史性转折点,标志着世界重心开始从以美国为代表的发达国家向拥有巨大成长潜力的中国等新兴国家转移。

对于中国来说,GDP 跃居全球第二,无疑是一件具有里程碑意义的好事,表明中国经济发展成果显著。数字并不意味着全部,但标志性的跨越见证了中国的崛起。一个百年前积贫积弱、内乱外侮的国家,一个 60 年前一穷二白、百废待兴的国家,一个多少年来都以解决温饱问题为基本追求的国家,经过 30 多年的快速发展,连续赶超意、英、法、德、日等老牌发达国家,成为世界第二大经济体,在纷繁巨变的历史中进行着自身价值的重新确立。这样的前进轨迹,足以令所有国人振奋不已。正是经济实力、综合国力和国际影响力这些总量指标的整体上升,才提升了中国的世界地位,中国的声音才有人愿意认真倾听。

中国目前最需要做的是要继续干好自己的事,脚踏实地地提升"世界第二"这个角色的含金量,实现由经济大国到经济强国的飞跃。从长远意义上说,"国强"才能"民富",而"民富"则是国家更趋强大、实现更多超越的必由之路。

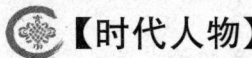

第一个从海外归国的经济学博士

1952年10月15日,林毅夫生于我国台湾省宜兰县,父亲林火树给他取名叫林正义,是希望儿子长大后为人正直,富有正义感。曾子曰:士不可不弘毅,任重而道远。林毅夫据此将自己的名字改为"毅夫"。林毅夫自小牢记国父孙中山先生的遗训:"唯愿诸君将振兴中华之责任,置之于自身之肩上。"一个人如果有能为十亿人谋福祉的能力,就应该毅然投身到这样的事业中去。因此林毅夫后来从台湾毅然泅过海峡,投奔到祖国的怀抱,实现了父亲和自己的一个梦想。

投奔大陆不久,林毅夫便进入北京大学经济系学习政治经济专业知识。在北大,林毅夫以其既谙熟西方经济学理论、英语口语又非常流畅的优势,很快就在同学中脱颖而出。

1980年,刚刚对外开放的大陆迎来了一位尊贵的客人——1979年诺贝尔经济学奖得主、芝加哥大学荣誉教授西奥多·舒尔茨。舒尔茨自然不会放弃到中国的最高学府北京大学宣讲他的经济学理论的机会。当时,北大为找一个翻译颇费了一番心思,林毅夫荣幸地成为给舒尔茨做翻译的唯一人选。这个意外的机会,为他打开了通往世界经济学最高殿堂的大门。

舒尔茨对林毅夫的翻译非常赞赏。一天,舒尔茨问林毅夫:"你想到美国读博士吗?"林毅夫不假思索地说:"想呀。"

林毅夫本以为舒尔茨只是随口说说而已,没想到舒尔茨回美国后不久,正式将林毅夫推荐到了美国芝加哥大学。能师从诺贝尔经济奖得主舒尔茨,是许多经济学人士梦寐以求的事情,林毅夫自然欣喜若狂。1982年,林毅夫从北京大学毕业,怀揣经济学系政治经济学专业硕士学位证书,他远渡重洋,来到了现代经济学的大本营芝加哥大学,师从舒尔茨,学习农业经济。

1987年,林毅夫回到了中国,成为我国改革开放后的第一个从海外归国的经济学博士。

1990年,林毅夫关于1959—1961年中国大饥荒的论文在国际顶级经济学杂志之一的《政治经济学期刊》上发表,引起了强烈的反响和争议。1992年,他在《美国经济评论》上发表《中国的农村改革及农业增长》一文,成为一段时间发表于国际经济学界刊物上被同行引用次数最多的论文之一,美国科学信息研究所为其颁发了经典引文奖。这两篇文章一举奠定了林毅夫在国际发展经济学和农业经济学界的地位。

1994年,回到母校北京大学,林毅夫联合多位海外留学归来的经济学人士,共同成立了北京大学中国经济研究中心(CCER),并出任主任一职。CCER自成立之日起,就秉承北大优良学术传统,以推动中国经济改革和发展为己任,以建立一所世界一流的经济学和管理学研究与教学机构为目标,不懈致力于科研发展、教学革新、人才培养、国际国内学术交流与合作。林毅夫为此付出了巨大的心血和汗水。

林毅夫

"从1994年成立中国经济研究中心以后,国内主要政策的制定与讨论我们都参与了,包括电信改革、加入WTO、金融改革、农村发展、社保体系、农民工、粮食问题等等。由于研究中心提出的许多政策建议独树一帜,一直都是比较受重视的声音,许多思想和观点都成为改革的主要内涵。"是"十五"计划起草人之一,对中国的经济决策,尤其对农村经济和国企改革等领域政策的制定,极具影响力。

林毅夫在2008年2月被任命为世界银行首席经济学家兼副总裁,成为首位在世界性金融机构担任高职的中国人士。

【中国梦，我的梦】

我们用改革开放，牢牢把握住现代经济全球化带来的重要机遇，实现经济的腾飞，取得了历史性的进步。但我们也必须清醒地认识到，我们离经济强国的梦想还有很长的路要走。

从GDP看，按照2010年《世界银行发展报告》的数据，中国2008年人均国民总收入仅为2 940美元，居世界第130位，划入下中等收入国家之列。按照国际货币基金组织公布的数据，中国2008年人均GDP排名105位，同样属于中低收入的发展中国家之列。

从经济发展布局看，结构性问题突出。产业结构不平衡，中国在第一、二产业集中了过多的劳动力资源，城乡发展不平衡，地区发展不平衡，2008年中国基尼系数为0.415，高于法国、瑞士、美国，也高于罗马尼亚、印度和马来西亚等中等收入国家水平。

在经济发展模式上，仍存在着严峻的结构转型问题，巨大的资源环境压力成为经济持续增长最严重的制约因素之一。重点钢铁企业吨钢能耗、电力行业火电煤耗、万元GDP耗水量，我们分别超出了世界平均水平40%、30%与500%，万元GDP总能耗是世界平均水平的300%，高速经济增长的背后，我们付出了沉重的资源环境代价。

从教育、医疗和社会保障体系看，中国公共福利事业仍有待发展和完善，公共教育投入严重不足，社会保障任务艰巨，2008年城镇登记失业人口达886万人，超过澳大利亚人口的1/3。60岁以上老人占全国总人口的12.5%，"未富先老"已是事实。

从贸易结构看，中国仍处于全球产业链的低端，出口中消耗资源和人力的货物贸易比重大，技术和知识含量高的服务贸易比重小。

解决以上问题，实现由大到强的质的转变，必须全面贯彻党中央的战略部署，坚持中国特色社会主义道路，坚持社会主义基本制度，坚持四项基本原则和改革开放，坚持科学发展观，转变经济发展方式，在调整优化产业结构、抓科技进步、降低消耗、保护环境上下功夫，在提高劳动者素质、积极性和创造能力上下功夫，在树立社会主义核心价值体系上下功夫。

第二章 明日中国，世界领先

1. "新四化" 新征途

【梦境回放】

十八大报告提出："坚持走中国特色新型工业化、信息化、城镇化、农业现代化道路，推动信息化和工业化深度融合、工业化和城镇化良性互动、城镇化和农业现代化相互协调，促进工业化、信息化、城镇化、农业现代化同步发展。"

"四化"在中国的政治舞台上有特殊的历史地位。早在1954年召开的第一届全国人民代表大会上，"实现工业、农业、交通运输业和国防的四个现代化"的任务就被提出来。在1964年12月召开的第三届全国人民代表大会第一次会议上，周恩来在政府工作报告中首次提出：在20世纪内，把中国建设成为一个具有现代农业、现代工业、现代国防和现代科学技术的社会主义强国。

1979年12月6日，邓小平在与日本前首相大平正芳会谈时，把四个现代化量化为"到20世纪末，争取国民生产总值达到人均1 000美元，实现小康水平"。邓小平把这个目标称为"中国式的四个现代化"。从那时起，在改革开放的推动下，中国经济经历了三十年的高速增长。国家统计局在2012年8月15日发布：2011年，中国人均国内总产值达5 432美元，已经远远超过了33年前设定的目标。

【说梦解梦】

"新四化"的提出是中国共产党立足全局、着眼长远、与时俱进的重大战略决策,是在中国现代化建设发展到一定阶段,对现阶段突出矛盾的一次求解,给中国经济指明了新方向和新动力,提出了新的奋斗目标。

我国经济发展到目前阶段,面临产业结构调整和升级的瓶颈问题。首先,中国仍然有剩余的农业人口,需要靠工业化来进一步消化;第二,中国的传统工业要依靠信息化来提高效率,才能与国际同行处于同样的竞争平台上;第三,城市必须容纳日益增加的参与工业化的农村人口,让农民工变成市民;第四,农业产出必须从"强调数量、解决温饱"转向"强调质量、满足品味",适应消费者从小康走向富裕的需要。

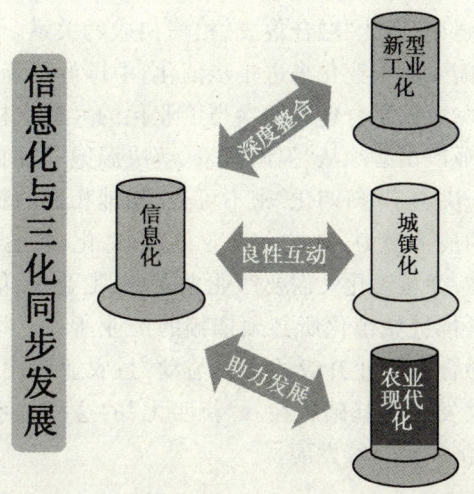

推进新型工业化、信息化、城镇化和农业现代化的"新四化"建设是中国现代化的必由之路。"新四化"对于推动国民经济与社会的科学发展具有重大意义。

首先,它从强调发展目标到注重发展路径。原有的"四化"概念,目标十分清楚明确,体现了中国现代化建设经历的过去和阶段性特征。今天提出的"新四化",不仅是我们为之奋斗的目标,更是实现目标的途

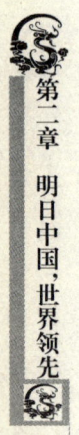

径与抓手。未来要实现伟大的中国梦,需要更高水平的"四化",这些都可以通过"新四化"这一抓手来实现。

其次,它在发展理念上强调"以人为本"。改革开放30多年来,中国取得了巨大成就,但也出现了"发展起来以后的问题"。以城镇化为例,尽管2011年中国的城镇化率达到51.27%,城市建筑规模越来越大,但是城镇户籍人口占总人口的比例却只有约35%。2亿多生活在城镇里的农民工实现了地域转移和职业转换,但还没有实现身份和地位的转变,尚不能享受到同等的公共服务,这既造成不公平,也埋下了社会不稳定的隐患。未来中国城镇化的核心将是"人"的城镇化,以提高"人"的生活质量,造福百姓、富裕农民。同样,其他"三化"中,工业化突出节能环保,信息化突出智慧城市,农业现代化追求食品更安全,"人"也都是它们的最终服务方向。

第三,它更强调"四化"融合集成、相辅相成的关系。中国有大量剩余的农业人口,需要靠工业化来进一步消化;中国的传统工业要依靠信息化来提高效率;城镇要合理容纳参与工业化的大量农村人口,让农民工变成市民;农业产出必须从"强调数量、解决温饱"转向"强调质量、满足品位"。这些,决定了"新四化"密不可分、相辅相成的新型关系:城镇化是扩大内需的最大潜力,是扩大工业化、信息化、农业现代化的生产能力的关键所在;而城镇化又需要产业来支撑,工业化、信息化、农业现代化反过来又是推进城镇化所必须依赖的产业所在。同样,信息化与工业化的深度融合是产业升级的方向与动力;农业现代化又是信息化和工业化可以大发展的基础所在。"新四化"的这种关系,可以提高效率,保证中国经济的可持续发展。

【时代人物】

中国最有名的农民

当官没有终身制,为人民服务有终身制。所以,我生命不息,服务不止。不当一把手,我退下来了;退了不是什么都不干,应该要干,干什么?要为党的事业,要为老百姓的事业,生命不息,服务不止。

——吴仁宝

吴仁宝是中国梦的前行实践者,这个"中国最有名的农民",把一个贫穷落后的小村庄建成了中国"天下第一村"。吴仁宝曾担任华西村领导职务40多年,带领全村艰苦奋斗,坚持集体经济发展方向,坚持共同富裕道路,将一个普通的苏南农村建设成为年总产值达500多亿元的社会主义新农村。

吴仁宝

在2012年党的十八大将"加快城镇化建设"列为未来中国发展目标之一的时候,华西村从2001年起就在实现城镇化的道路上留驻了坚实的脚印。2001年6月、2003年3月以及2004年3月,华西中心村先后陆续将周边相对落后的20个村庄带动起来,组建了新的"大华西",在帮助它们走上共同富裕道路的同时,也力图通过规划,走一条农民能在本土实现的城镇化发展道路。自1992年华西企业集团公司挂牌以来,华西村便基本告别农业,开启了完全的工业化进程以及与之配套的城市化发展。

美丽的华西村,幸福的华西人。生命不息,为人民服务不止!吴仁宝认为,华西能有今天,并不是他自己的水平高,主要是"认真"。一是他及时、认真地学习中央的各项方针政策;二是他不设立自己的办公室,坚持到下面去,直接听取老百姓的意见,集中群众的智慧,提高自己的执政能力,把问题解决在下面。他坚持"科学的发展观",不断提高执政能力,做到统筹协调发展、可持续发展。什么是科学发展?他认为,有效发展就是科学发展。吴仁宝和华西村党员干部,以其敏锐的发展眼光,抓住改革开放的好机遇,带领华西的党员干部,与时俱进,加快发展,进一步推动华西的"三农"变"三化"(农业工业化、农民知识化、农村城市化)步伐。吴仁宝执政华西46年,他用25年使华西年产值翻了1万倍。他带领华西人缔造了"天下第一村"的神话,他是迄今为止唯一受到四代国家最高领导人赞扬的村官。

吴仁宝虽然去世了,但他的业绩与精神值得后人学习和尊敬。

【中国梦,我的梦】

梦想照亮征程。"新四化"的提出,反映了对把我国建设成为社会主义现代化强国、实现中华民族伟大复兴的不懈追求。同步推进"新四化"建设,是当前我们在经济社会发展上的战略部署与核心要求。

"新四化"实际上是一场技术革命、一场社会革命,是一个科技含量很高的十分庞大的社会工程。"新四化"的实现,必将极大提高劳动者素质,促进生产力发展,提升国家现代化水平,增进人民福祉。"新四化"有很多新意,需要我们深入学习领会,贯彻落实。

生命和崇高的责任是联系在一起的。作为青年学生,"新四化"的推进与实现过程正值我们努力学习、增长才干的青春年华。我们当牢记使命与责任,加倍努力,树立科学发展的观念,掌握先进的科学技术,提高我们为国家、社会服务的本领,做一名"走在时代前面的奋进者、开拓者、奉献者"。

2. 全面小康　收入翻番

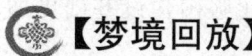【梦境回放】

最近,高中生小林常常听到妈妈说的话就是,大葱的价格又降了,话费现在没以前那么贵了,咱家就要买车了……妈妈每次说到这些,都是笑盈盈的,她对一家三口现在的生活很满意。去年,妈妈的退休金也涨了,爸爸的工资也紧跟步伐,就连小林的奖学金也比去年翻了一番。小林家的小日子是越过越红火了,许多曾经不敢去想、遥不可及的梦想,正在一步步地实现中。每次提到这些,妈妈都不忘作最后总结,从吃的、喝的到用的,啥都能满足,咱们家也算是达到小康水平了。《辞海》上关于"小康"的解释是:家庭经济比较宽裕,安然度日。依照此种说法,我们家的"小康"已经提前完成了。

"小康梦"可谓是在中国梦中最贴近老百姓生活的一个梦想。随着经济和社会的发展,党的十八大明确提出截止到2020年,实现国内生产总值和城乡居民收入比2010年翻一番,为全面建成小康社会而奋斗。

【说梦解梦】

根据我国经济社会发展实际,要在十六大、十七大确立的全面建设小康社会目标的基础上努力实现新的要求:

——**经济持续健康发展**。转变经济发展方式取得重大进展,在发展平衡性、协调性、可持续性明显增强的基础上,实现国内生产总值和城乡居民人均收入比2010年翻一番。

——**人民民主不断扩大**。民主制度更加完善,民主形式更加丰富,依法治国基本方略全面落实,法治政府基本建成,司法公信力不断提高,人权得到切实尊重和保障。

——**文化软实力显著增强**。社会主义核心价值体系深入人心,文化产业成为国民经济支柱性产业,社会主义文化强国建设基础更加坚实。

——**人民生活水平全面提高**。基本公共服务均等化总体实现,全民受教育程度和创新人才培养水平明显提高,就业更加充分,收入分配差距缩小,社会保障全民覆盖。

——**资源节约型、环境友好型社会建设取得重大进展**。

在十八大报告中,党中央审时度势,提出全面建成小康社会的奋斗目标,充分说明两点:第一,前10年确实取得了巨大成就,为接下来的发展奠定坚实基础;第二,表明决心,未来10年一定要带领全国人民建成小康社会,为实现社会主义现代化和中华民族伟大复兴打下基础。

特别值得一提的是,为确保到2020年实现全面建成小康社会的目标,十八大报告提出:"实现国内生产总值和城乡居民人均收入比2010年翻一番。"为千方百计增加居民收入,报告还提出了"两个同步",即:居民收入增长和经济发展同步、劳动报酬增长和劳动生产率提高同步。这充分体现了科学发展的"两点论",既有经济总量的发展,又有人民生活水平的同步提高。而且其中还暗含着一个思想,就是经济总量发展和人民生活水平提高要同比、同期增长。

我们常讲,科学发展最终要落脚到提高人民生活水平上,发展改革的成果要让人民共享,但如何最终落实,我们还依然在不断探索。大会报告中的两个"翻一番",显现出这一探索的成绩。发展的本身就意味着既要实现国家的繁荣富强,也要实现人民生活水平提高、实现共同富裕。以人为本的科学发展观要落到实处,要落实到两个"翻一番",关键在于今后要加深认识,要把提高国家的综合实力和提高人民生活水平都作为发展的重中之重。

在中国进入全面建成小康社会的决定性阶段,党的十八大报告浓缩了改革开放以来特别是最近十年来党领导中国发展建设的经验与启示,勾画出中国未来发展的蓝图,提出到 2020 年,实现国内生产总值和城乡居民人均收入比 2010 年翻一番。这是中国共产党首次明确提出居民收入倍增的目标。

到 2020 年全面建成小康社会,是党的十八大根据我国经济社会发展实际提出的宏伟目标,是我们党对广大人民群众的庄严承诺。

【时代人物】

奋发有为的制茶美女

黝黑的皮肤,1.64 米的身高,脸上不时露出稚嫩的笑容,她就是贵州省凤凰翅茶叶有限公司总经理王瑶。这位年轻的总经理有着不一般的人生经历,她从 15 岁初中毕业后就离开了学校,扛起整个家。为了生计,她外出打过工,做过水果批发生意,开过服装厂,最终办起了茶叶加工厂,并带领乡亲们一起走上了致富道路。

2004 年,怀揣着梦想,王瑶走进湄潭县百道茶叶有限公司,跟公司的技术工人学习茶叶炒制等技术。由于她性格开朗,很多老师傅都乐意教给她制茶的知识和技巧,短短半年时间,她就学会了炒制茶的所有工序。

2006 年,她离开了茶叶公司,前往苏州学习刺绣,并学得一手好手艺。一直梦想着拥有自己事业的她,并不满足于当时的现状。

王瑶

2007年,几经辗转,王瑶来到了上海松江区,用几年打工攒下来的钱做起了水果批发生意,没想到生意好得出奇,一年赚了几万元,这是她人生的第一桶金。

2009年,王瑶回到了家乡普安县细寨村,当起了布依人家茶叶专业合作社技术指导员,负责技术指导,而且在采茶期,她还做起了茶叶生意。

经过几年的打拼,王瑶积累了一定的社会经验,资金也逐步丰盈起来。2010年,她看准时机建立了自己的福娘茶厂,并加入合作社成为六分厂,工厂成立后,她从加强内部管理开始,严抓产品质量,指导茶农种茶和管理茶园。在市场营销方面,她制定了"安全生产,稳抓质量,以品质吸纳客户,以色、香、味走向市场"的基本原则,按地域建立起了自己的营销网络。经过一段时间的调整,细寨布依人家茶叶专业合作社在生产和营销上节节攀升。

谈到创业,王瑶感叹地说:"我在创业过程中遇到的最大难题就是土地使用机制不灵活,不能作为贷款的凭证,因此融资异常困难。后来,在地方党委和乡亲们的大力支持下最终克服困难,一步步走到今天。他们对我的帮助我会铭记于心,我也将努力带动更多的茶农一起致富奔小康。"

茶厂建立以来,她带动上万户茶农一起走上了致富的道路。王瑶始终认为,自己富了不算什么,大家一起走向富裕才是自己建立茶厂的初衷和目标。

除此之外,她还积极资助贫困学生,捐钱捐物参与公益活动。几年来,她捐助了普安县江西坡镇"春晖家园计划"通组公路4万元,资助普安县共青团"圆梦行动"中的贫困大学生,并多次出资捐助家乡村寨的民生工程和公益活动。

在各级领导的关怀下,她牢记"青年带头创业致富"宗旨,弘扬"青年带头创业致富"精神,吸纳和支持有志青年共同创业,取得良好的社会效益和经济效益,现已安排返乡待业岗位40多个,受益人口1万多人,覆盖两个自然村50多个村民组。

2013年,这位24岁的小姑娘光荣当选为共青团第十七次全国代表大会代表,充分感受到以习近平同志为总书记的党中央对当代青年的重视与关怀。这让她更加坚定了勤劳致富、建设美好家园的信心和决心。

谈到梦想,她说:"中国梦要靠脚踏实地才能实现,作为一名少数民族山区的创业者,我将把中央对创业青年的关心带回去,激励更多青年敢于有创业梦,勤于圆创业梦。"

【中国梦,我的梦】

党的十八大报告中关于"2020年实现全面建成小康社会"的目标,以及"国内生产总值和城乡居民人均收入比2010年翻一番"的内容,引发广大网友热烈讨论。

网友认为,从十七大报告中的"全面建设小康社会"到十八大报告中的"全面建成小康社会",一字之变,明确给出了实现小康的"期限",体现了更足的信心、更高的要求,也是对全国人民的郑重承诺。

"如果说,清晰的'全面小康'目标必将极大激发全国人民奋斗热情的话,'收入翻番'则是量化到了每一个人,令人振奋,让广大老百姓的心里特别踏实、特别期待!"网友"叮叮猫11"在人民网"寄语十八大"栏目这样留言。

新华网发展论坛网友"jsj20122012"说,我国取得了举世瞩目的发展成就,这是任何人都无法否认的——从人民的生活细节即可管窥一斑:从自行车、缝纫机、收音机,到电视机、电冰箱、洗衣机、空调,再到电脑、智能手机,人民生活水平不断提高,"在党的领导下,全面建成小康社会、居民收入翻番的目标一定能够实现"。

腾讯网友认为:"全面建成小康社会,主要难题是经济发展与环境保护之间的矛盾。"更多的网友则认为,当前我国的发展还很不平衡,城乡之间、区域之间、行业之间在分享发展成果方面仍有较大差距,部分群众生活水平较低,因此在改善就业、住房、医疗、上学条件等方面,群众有更多期待。

专家认为,全面建成小康社会,需要经济建设、政治建设、文化建设、社会建设和生态文明建设整体发展、协调发展、改革发展。同时,实现"两个翻番",对于全面提高发展质量、继续改善人民生活、如期全面建成小康社会,具有重要意义。

3. 现代国家　民富国强

【梦境回放】

　　建设社会主义现代化国家的梦想是历史对未来的诉求。在亡国灭种阴霾笼罩下的近代，国家羸弱无力，人民屈辱受难，谈起大国梦想简直就像在说童话，此时的现代国家之梦，是多数国人深藏心中的无限向往；新中国建立之初，现代国家之梦才真正开始升腾，但那时距国强民富的目标尚且遥远，人们唯有埋下头来苦干实干；进入改革开放的30年，已经瞄准现代国家之梦的路标"摸着石头过河"，在风雨兼程的行进中，中国按捺不住接近现代化国家的喜悦。

　　时至今日，我们已然越发临近梦想的图景，中国梦已是"立于高山之巅远看东方已见光芒四射喷薄欲出的一轮朝日"。当习近平总书记提出"到中国共产党成立一百年时全面建成小康社会的目标一定能实现，到新中国成立一百年时建成富强民主文明和谐的社会主义现代化国家的目标一定能实现，中华民族伟大复兴的梦想一定能实现"，既是充满自信的展望，也是如期实现中国梦的全民总动员。

　　中国梦，是代代国人内心愿望的凝聚；中国梦，是一面镜子，映照出各个时代实现梦想的能力；中国梦，又是一把标尺，丈量出各个时期追梦的进度；中国梦，是自强梦，是富强梦，是现代梦，是世界梦。

【说梦解梦】

　　现代化常被用来描述现代发生的社会和文化变迁的现象。一般而言，现代化包括了学术知识上的科学化，政治上的民主化，经济上的工业化，社会生活上的城市化，思想领域的自由化和民主化，文化上的人性化等。

　　现代化是人类文明的一种深刻变化，是文明要素的创新、选择、传播和退出交替进行的过程，是追赶、达到和保持世界先进水平的国际竞争。

现代化表现为以下四个层面:

1. 经济层面:工业生产力水平高,农业方面产品质量高、种类丰富、产量丰富,科技得到大程度利用,城市乡村建设程度高,人民生活质量高。

2. 政治层面:民族国家的建立、宪政民主在世界各国的确立、生产的科学管理,政治透明化。

3. 社会层面:个人利益和集体利益共存、和谐,公民素质高。

4. 文化层面:继承先进文化精髓并发展,呈现百花齐放、健康发展的场面。

中科院最新发表的一份报告对1700年至2001年世界300年间的现代化经验进行了系统的分析和总结,并根据中国近20年来经济社会发展情况和国家政策导向等指标,对中国现代化的发展进行了预测。报告指出:"2050年中国社会现代化水平将进入世界前40名,人均寿命将超过80岁,养老保险、医疗保险和失业保险的覆盖率将达到100%。"报告还预测说,到2050年,中国的大学入学率、城市化率、信息化普及率都将超过80%,绝对贫困人口数量将下降到零——目前中国人均每天生活费用不足1美元的绝对贫困人口在2亿人左右。从以上数据可以看出,中科院对中国现代化发展的预测还是比较乐观的。其实,这一乐观的预测也体现在人们对未来中国发展的良好预期和信心上。

与此同时,我们必须清醒地看到中国现代化将面临一些重大机遇和挑战,挑战集中为人口、资源、能源、农业、城市、教育、科技、制度、观念、经济、社会、信息化和绿色化等方面。

——**资源挑战**,中国多数自然资源的人均拥有量低于世界平均值。

——**能源挑战**,中国已经成为石油进口国,国际能源依赖扩大。

——**农业挑战**,中国仍然有6亿多农业人口,农民收入低于全国平均值。

——**城市挑战**,中国城市化尚未完成,城市化道路尚存在争议。

——**教育挑战**,中国教育质量和高等教育普及率均不高。

美丽中国

——**科技挑战**，中国科技的计划和行政色彩浓厚，创新效率不高。

——**制度挑战**，中国制度改革落后于经济改革，民主化进程需要加快。

——**观念挑战**，中国的封建观念仍然存在，影响中国人的现代化。

——**经济挑战**，中国人均国民收入与发达国家的差距仍在扩大等。

——**社会挑战**，中国需要建立覆盖全民的社会保障制度，包括医疗保险、养老保险、失业保险和社会救助等，建立新型高效的福利社会。

——**信息化挑战**，中国需要协调工业化和信息化，走新型工业化道路。

——**绿色化挑战**，中国需要采用绿色发展模式，实现经济与环境双赢。

【时代人物】

让中国照明器件亮满世界

一件深蓝色西装，黝黑的圆脸上架着一副金边眼镜，相比很多"海归"的"洋气"，从晶能光电（江西）有限公司首席技术官赵汉民身上，人们感受到的更多是淡定和朴实。

在成功入选第九批国家"千人计划"高兴的同时，他也意识到肩上的担子更重了，实现梦想的脚步要加快了。

2012年6月，赵汉民辞掉美国的工作，正式加盟晶能光电（江西）有限公司，出任首席技术官。"让中国LED照明器件亮满世界"的梦想就是那时产生的。"目前，全世界90%的鞋子和玩具都是中国生产的。我希望在不久的将来，持有自主研发技术的中国LED照明器件，也能够占领世界市场的80%～90%。让全世界看到，中国不只能做代工，也有自己的尖端技术，并能借此实现更快发展。"

一颗滚烫的爱国心，是促使赵汉民回到祖国的主要原因之一。"对我们这些离家多年的人来说，爱国不是一句空洞的口号，而是用自己学到的东西，回来为祖国做些什么。"于是，这个在美国生活了24年的河北男人，怀揣报国梦想和满腹知识回到了祖国。

赵汉民

LED是一种新型的绿色光源产品。在全球能源短缺的大背景下，LED在照明上的应用正在吸引着世人的目光，有专家预言，"21世纪将进入以LED为代表的新型照明光源时代"。

在我国，LED目前主要应用在显示屏方面，照明领域的应用尚在初级阶段。但赵汉民坚信，LED照明得到大规模应用的中心会是在中国。"等我老了，看到中国的马路边、家家户户用的都是LED灯具，我会觉得特别自豪。"憧憬里，赵汉民嘴角露出开心的笑容。

为了实现这个目标，赵汉民成了名副其实的"空中飞人"——平均每两个月从太平洋上空往返一次，帮公司联系在美业务，看看妻子和一双子女。

在他的"牵线搭桥"下，又有4名海外人才陆续加入晶能光电，数位外国专家为公司当起了技术顾问。

最重要的技术研究当然也没落下。近年来，赵汉民带领晶能光电研发团队，用国际化的创新思维，不断提升硅衬底LED的技术水平和产品性能，取得了一系列新的技术突破。目前，晶能光电是全球第一家也是目前唯一一家专业从事硅衬底LED外延材料与器件研究生产的高科技企业。

【中国梦，我的梦】

每个人都应有自己的梦想，梦想是我们人生的渴望，梦想让我们的人生充满希望，梦想让我们在困难和挫折面前变得更加坚强。国家有国家的梦想，我们要将个人的梦想与国家的梦想结合起来，并为实现梦想而不懈奋斗，人生才会更有意义。近代以来，导引无数中华儿女进行非凡奋斗的，正是对梦想的追求、对使命的担当。建设一个富强民主文明和谐的现代化中国，正是我们这代人应该担起的使命。

寻梦，追梦，圆梦，在实现中国梦的递进中，从山高路远到曙光在前，中华民族一步一个脚印地走到了今天。如今正值百年中国梦的圆梦时代，我们每个人都是"梦之队"的成员，在圆梦的格局中，都是不可或缺的棋子。我们正处于实现民族复兴的关键阶段。越是临近目标，越要怀有"行百里者半九十"的清醒,"为山九仞功亏一篑"的警觉,不松劲、不懈怠、不走弯路的坚定。

　　实现中国梦,青年应当明确成长发展、建功立业的正确道路,深刻认识坚定理想信念是青年成长成才的核心灵魂,增强道路自信、理论自信、制度自信,坚定跟党走中国特色社会主义道路的人生信念;深刻认识练就过硬本领是青年成长成才的牢固根基,不断提高素质、增强本领,努力成为可堪大用、能担重任的栋梁之材;深刻认识勇于创新创造是青年成长成才的时代要求,在积极投身建设创新型国家、实施创新驱动发展战略的实践中体现价值;深刻认识矢志艰苦奋斗是青年成长成才的精神支柱,用顽强的意志和勤劳的双手攻坚克难,成就梦想,不断开辟事业发展的新天地;深刻认识锤炼高尚品格是青年成长成才的立身之本,加强思想道德修养,保持积极的人生态度,践行先进的道德风尚,以实际行动促进社会进步。

第三篇

民族振兴篇

第一章 东方雄狮，笑傲天下

1. 港澳回归　百年梦圆

【梦境回放】

历史不会忘记1842年那个屈辱的八月，在南京江面的英国军舰"康华丽"号上，清政府签署了中国近代史上第一份不平等条约——中英《南京条约》。条约规定中国把香港岛割让给英国，列强瓜分中国的序幕从此拉开。之后，英国政府又割占九龙半岛南端，以及强租"新界"99年。1887年，通过中葡《友好通商条约》，在明朝中叶以"晾晒货物"为名获准在澳门居留的葡萄牙人从此强据了"莲花宝地"澳门。

历史同样不会忘记1997年7月1日那个雪耻的凌晨，在香港维多利亚湾的会议展览中心，随着英国蓝底米字国旗和绘有皇冠狮子米字图案的英治港旗缓缓降落，以及鲜艳的五星红旗和盛开着紫荆花的香港特别行政区区旗徐徐升起，英国在香港一个半世纪的殖民统治从此宣告结束，中国恢复对香港行使主权。两年之后的1999年12月19日夜，随着五星红旗和绿色带有莲花图案的澳门特别行政区区旗准时升起。中华民族以又一个洗雪耻辱的时刻来迎接新世纪的到来。

【说梦解梦】

1949年，在这块曾被八国联军烧杀掳掠的土地上，毛泽东向全世界庄严宣告：中国人民从此站起来了！中华人民共和国成立后，宣布废除一切不平等条约，彻底结束了中国近代史上一幕幕惨痛的悲剧。

1972年3月，中国政府在联合国大会上声明："香港和澳门系英国与葡萄牙政府所占领的中国领土；香港与澳门问题的解决完全属于中国主权范围内的事，而不能等同于其他殖民地。中国政府一贯认为，关于港澳问题，应在时机成熟时，以适当方法解决，联合国无权讨论此问题。"从而表明了中国政府对香港、澳门主权的坚定立场。

香港回归祖国中英政权交接仪式

改革开放后，强盛的社会主义中国跃起在东方的地平线上，实现祖国统一的呼声响遏行云。"不能将殖民主义的尾巴拖到下个世纪。"中国共产党代表中华民族喊出了洗雪耻辱的最强音！

1982年，邓小平提出用"一国两制"的方案来解决香港问题，之后于1984年，中英签署关于香港问题的联合声明；1997年7月1日，中国正式对香港恢复行使主权。交接仪式后，查尔斯王子和刚刚去职的末代港督彭定康，在茫茫夜色中，登上即将退役的"不列颠尼亚号"皇家游轮，驶离香港。轮船起锚处，正是154年前第一任港督璞鼎查登陆香港的地点。

香港问题解决后，中葡两国于1987年签署关于澳门问题的《中葡联合声明》，宣布中国将于1999年12月20日对澳门恢复行使主权，这

1999年12月20日,澳门回归

是继1984年中英两国圆满解决香港问题之后,中国现代史上又一件政治大事。1993年3月31日在全国人大八届一次会议上,顺利通过《中华人民共和国澳门特别行政区基本法》,标志着澳门进入了后过渡期。1999年12月21日,中国正式对澳门恢复行使主权。

【时代人物】

钢与铁的碰撞

  1982年9月22日,英国首相撒切尔夫人访华,拉开了邓小平与她之间"钢"与"铁"碰撞交锋、斗智斗勇的序幕。

  号称"铁娘子"的撒切尔夫人,是战后英国第一位女首相,凭借刚刚打胜的马岛战争——从阿根廷军队手中夺过了两国争议多年的马尔维纳斯群岛,撒切尔夫人在国内外的威望大幅度提高。早在来华之前,撒切尔夫人就事先声明:"有关香港的3个条约依然有效。"并在国际上大造这种舆论,目的在于试探中国方面的立场。

第一章 东方雄狮·笑傲天下

邓小平与撒切尔夫人在人民大会堂会谈

对于这个关系到中华民族的主权、尊严和威信的问题,邓小平斩钉截铁地回答了两句话:"香港是中国的领土,我们一定要收回来的!"

当撒切尔夫人提出"中国宣布1997年收回香港,香港会不会发生波动"的疑问时,邓小平回答:"小波动不可避免。如果中英两国抱着合作的态度来解决这个问题,就能避免大的波动。"他还告诉撒切尔夫人,中国政府在作出这个决策时,"还考虑了我们不愿意考虑的一个问题,就是如果在15年的过渡时期内香港发生严重的波动,怎么办?那时,中国政府将被迫不得不对收回的时间和方式另作考虑。如果说宣布要收回香港就会像夫人说的'带来灾难性的影响',那我们要勇敢地面对这个灾难,作出决策。"

撒切尔夫人没想到邓小平在香港主权问题上的立场会那么坚定,毫无通融余地,会谈结束后,这位一向注重仪表、举手投足极有分寸的"铁娘子"随之产生出一种不安和紧张的心理状态。当她怀着惆怅的情绪走出人民大会堂时,高跟鞋与石阶相绊,导致身体失去平衡,栽倒在石阶下,以致皮鞋、手袋都被甩到了一边。她回去后对驻华大使柯利达说:"邓小平真残酷啊!"

对这次非同寻常的谈判,撒切尔夫人在她后来出版的回忆录《唐宁街的岁月》中,以一种失败者的无奈和依依不舍,追忆了谈判的全过程,表达了她对邓小平等中国领导人的钦佩。

爱国诗人——闻一多

1925年,闻一多先生以拟人的手法,写下组诗《七子之歌》,将中国当时被列强掠去的七处"失地"比作远离母亲的七个孩子,哭诉他们受尽异族欺凌、渴望回到母亲怀抱的强烈情感。"七子"是指当时被列强霸占的七块土地,分别是香港、澳门、台湾、九龙、威海卫、广州湾(广东湛江)和旅大(旅顺、大连)。

闻一多先生

激荡在诗行间的热爱祖国、企盼统一的浓烈情感立即在读者中引起了强烈反响。被列强掳去的"中华七子",是民族罹难、国家浩劫的象征。

它表明:"国弱民受辱"、"落后就要挨打";它警示国人:"中华民族已经到了最危险的时候!"

在此激励下,中国人民不屈不挠追求统一的意志汇成了不可阻挡的洪流。1930年10月,中国收回威海卫;1945年,中国人民战胜日本侵略者,同年10月25日,日本在台湾的最后一任总督安藤利吉在台北中山堂向中国政府递交投降书,台湾从此重归中国版图。与此同时,广州湾、旅顺和大连也相继回到祖国的怀抱。

"王师北定中原日,家祭无忘告乃翁"。在澳门回归之夜,闻一多先生的子孙四代共20多人团聚在北京门头沟的家中,举行家祭,庆贺澳门回归祖国。家中对联高悬:"百年诞辰红烛燃遍举酒慰英灵,九九归一死水微澜昂首新世纪",横批"澳门回家"。

闻一多之子闻立雕说:"父亲期盼骨肉团聚的夙愿终于实现了。愿父亲九泉下有知,与我们同乐。"

【中国梦，我的梦】

一部香港、澳门的近代史，既是中华民族的屈辱史，也是一部中华民族的抗争史。它让人们更深刻地认识到"落后就要挨打"的教训。

香港、澳门回归祖国，让中国人民洗雪了百年耻辱，炎黄子孙得以团聚，民族之魂得以振奋。我们无法掂量彼时积贫积弱的晚清帝国对割让香港时会有多少痛感，但我们能看到，我们祖国母亲用最真的心，迎接迷失的孩子归来，为了香港回归，为了香港回归后的稳定繁荣，实行"一国两制"、港人治港、高度自治；为了让香港"马照跑、舞照跳、股照炒"，制定 CEPA 计划，我们实施东改工程……

祝福你，香港！我们的骨肉兄弟。当历史敲响了神圣的大钟，米字旗在你头顶徐徐降下，鲜艳的五星红旗冉冉升起的庄严时刻，你终于回来了，回到了祖国母亲的怀抱。全世界都在凝视着你啊，全世界都重复着一个声音：香港，祝福你！国歌阵阵，抒发着祖国的豪情；国旗猎猎，高飘起华夏的昂扬。历史已翻过了沉重的一页，紫荆花绽开了世纪的笑颜。岁月祝福，时空永恒。黄皮肤黑眼睛的炎黄子孙无不深切地感到时代的变化。今朝扬眉吐气不仅仅为的是一块领土的恢复，更重要的是一个民族的尊严。江山还我，这是一个多世纪的梦啊！梦，终于在中国一位老人"一国两制"的撼世绝唱中成真了。

香港回归 16 年来，透过从世界涌来的惊异的目光中，我读出了你和祖国的希望。抹去吧，眼角的泪！历史不再是忧患之秋的那种悲凉；祖国不再是任外强瓜分的穷乡。你听，长江黄河始终流淌着统一的梦想；你瞧，长城黄山依旧昂着不屈的倔强。两岸猿声啼不住，轻舟已过万重山。蒙受百年耻辱的历史将一去不复返，鲜红的五星红旗将在你的头顶上空永远高高飘扬。哦，香港，祝福你。愿血脉相通的华夏子孙永不分离，愿你这东方璀璨的明珠永远闪烁光芒。

2. 民族团结　共享进步

【梦境回放】

"团结就是力量/这力量是铁/这力量是钢/比铁还硬,比钢还强",这首著名的《团结就是力量》,曾经擂响了各民族团结救亡、打败日本侵略者的铿锵战鼓,吹响了各民族团结建国、建设社会主义的激越号角,时至今日,仍然激励着各族人民为实现中华民族伟大复兴团结奋斗。

中华民族生生不息,靠的是各民族团结友爱。一个家庭不团结,可能亲人反目;一个民族不团结,可能一盘散沙;一个国家不团结,可能分崩离析。我国各民族在历经数千年的迁徙、贸易、婚嫁、交融中,形成了你中有我、我中有你,交错杂居、共生互补的格局,孕育了团结友爱的宝贵传统。

在今天要实现中华民族的伟大复兴,也只有靠56个民族同心同德、群策群力、携手并肩、团结奋斗,中华民族才能焕发出无比磅礴的伟大力量,民族复兴的伟业才会展现出宽广灿烂的光明前景。

【说梦解梦】

我国是统一的多民族国家。在我国960万平方公里的土地上,居住着56个民族。除汉族外,其他55个民族由于人口较少,习惯上被称为少数民族。我们伟大的祖国是全国各族人民共同缔造的。

新中国成立后,我国铲除了民族压迫和民族歧视的阶级根源,逐步形成了平等团结互助和谐的社会主义新型民族关系。处理民族关系,我国坚持民族平等、民族团结和各民族共同繁荣的基本原则,我国在少数民族比较集中居住地区实行民族区域自治政策,目前有内蒙古自治区、新疆维吾尔自治区、宁夏回族自治区、广西壮族自治区、西藏自治区。

为了推动民族地区的经济发展,实现各民族共同繁荣。国家给予少数民族贫困地区一些特殊的扶持优惠政策:放宽了少数民族贫困县

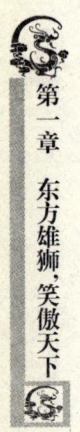

的扶持标准;在扶贫资金、物资上向少数民族贫困县倾斜;在安排"以工代赈"资金时,将中、西部地区和少数民族贫困地区作为投放的重点;加强牧区的扶贫工作;设立"温饱基金";发动全社会力量参与民族地区的扶贫工作等。这些政策的实施对推动民族地区经济实现跨越式发展产生了极为明显的效果。

为了推动民族地区的文化发展。"十五"期间(2001年—2005年),中国政府安排50亿元继续实施第二期国家贫困地区义务教育工程,其中80%以上用于西部和民族地区;已投入40亿元用于农村中小学危房改造工程,其中57%用在了西部和民族地区。新疆、西藏、宁夏、青海等省区的义务教育阶段学生有83%享受免费提供教科书待遇,对西藏农牧区义务教育阶段学生实行包学习、包吃饭、包住宿,新疆的56个县全部实行免杂费、免书本费,云南省享受免杂费和免书本费的学生总数已达40.9万人。这对于促进少数民族文化的发展,充分保障少数民族人民当家做主的权利得以实现,维护国家统一和安全,发展平等团结互助和谐的社会主义民族关系,促进社会主义现代化建设事业具有深远而重大的意义。

【时代人物】

你我一家亲,情才这样真

新疆军区某部排长陶辉,每次休假总要回新疆维吾尔自治区托克逊县夏乡巴扎尔村看望父母。

汉族的陶辉为何有着维吾尔族的父母?这要追溯到20多年前,当时陶辉的亲生父母千里迢迢,从内地来疆务工,就租住在哈力克·买买提家的隔壁。陶辉一岁半时母亲患病去世,父亲陶金来外出打工,很多时候顾不上孩子。1991年9月,看着寒风中瑟瑟发抖蜷缩着的可怜的陶辉,哈力克·买买提与妻子再乃提汗·艾买提一起,把他领进家门,给他端上热气腾腾的羊肉汤。望着陶辉狼吞虎咽的样子,哈力克·买买提夫妇既高兴又难过,高兴的是孩子吃得开心,难过的是孩子平时连顿饱饭都吃不上。"只要我们有一口饭吃,就不能饿着孩子!"当晚,夫妇俩决定把陶辉当成自家第4个孩子。

幸福的一家人

一口铁锅养活着4个孩子,让本来就拮据的生活更加窘迫。一天下来,繁重的体力劳动常常让哈力克·买买提累得直不起腰来。再乃提汗·艾买提冬天替人缝补衣服,夏天替人放羊赚钱养家。

眼看陶辉到了上学年龄,他的户口成了一道坎儿。哈力克·买买提四处托人联系,讲明情况,在当地政府关心帮助下,陶辉有了当地户口,顺利地读上小学,完成了初中、高中的学业。

2004年11月,陶辉的父亲病逝。失去世上唯一亲人的陶辉就像断线的风筝、走散的孤雁,成了孤儿……这天夜里,哈力克·买买提一家郑重开了一次家庭会议,哈力克·买买提82岁的老父亲买买提·托乎提在病床上说:"把孩子接过来吧,我们给他一个家!"

这以后,陶辉有了一个维吾尔族名字——托合塔洪,意思是"留下来的孩子"。在这个特殊家庭里,陶辉和哥哥、弟弟情同手足,不分彼此,日子虽然过得清贫,陶辉却享受着温暖。他是养父母最疼爱的汉族巴郎。

2006年6月7日,陶辉参加高考,哈力克夫妇挤在熙熙攘攘的陪考大军之中。第一场考完后,陶辉走出考场,看到养父母满头大汗,手里还提着大包零食,不停地向周围的考生父母问这问那,顿感一股热流涌上心头。"爹妈来了,心里有底了,考试也不慌了!"谈起这事,陶辉至今激动不已,"那天,爸妈怕我看到别人有父母陪考而感到孤单,特意停了两天生意专门陪考!"在一旁的弟弟哈力瓦尔·哈力克有些"嫉妒"地说:"后来我高考时,爸妈都没去陪考呢!"哥哥牙森·哈力克回忆说,有一年,妈妈买回一条淡绿色的裤子,给了弟弟陶辉。他自己从没穿过这么好的裤子,当时很伤心,觉得爸妈偏心,妈妈却对他说:"你是大哥,要学会让着弟弟!"

高考发榜后,陶辉以总分512分的成绩考取新疆大学机械学院国防生。然而,比陶辉先考上大学的哥哥牙森却因经济拮据没能走进大学的校门。每每提起这件事,父亲哈力克·买买提也总是懊悔不已,那种再穷也要让孩子学知识受教育的意识深深扎根,不在陶辉身上留遗憾的念头也就更加强烈。

2012年7月8日,是哥哥牙森·哈力克结婚的大喜日子。在野外驻训的陶辉,此前专门汇了3 000元钱,还给哥哥买了照相机表达祝贺。街坊邻居和亲友们羡慕地对哈力克夫妇说:"你们家汉族巴郎真孝顺!"

更令陶辉欣慰的是,县民政局将抚养他的哈力克、再乃汗一家人定为军属,享受军属相关待遇。养父母的大爱无私,社会各界的关爱,深深影响着陶辉。如今,他也资助了两个维吾尔族贫困学生;当排长两年,有两名少数民族战士在他的辅导下考上了军校;他还在团里发起了"大爱传递温暖、感恩化为行动"的活动。

与82岁的外婆相依为命的新疆托克逊县第二中学品学兼优的学生夏提古丽,得知素不相识的陶辉要资助她完成学业,在作文中动情地写道:"我也要做一个像陶辉哥哥那样的好人!"

【中国梦,我的梦】

新中国成立后,我国已形成了平等团结互助和谐的社会主义民族关系。这种新型民族关系的形成来之不易,我们应十分珍惜、不断巩固和发展这种民族关系。

生活在统一的多民族国家里,处理好民族关系问题,既是国家的重大问题,又是人们生活中必须面对的具体问题。自觉履行宪法规定的维护国家统一和全国各民族团结的义务,是每个中国公民的责任。作为当代青年学生,要认真学习马克思主义民族理论,明确认识巩固和发展社会主义新型的民族关系的重要性,把自己的命运与国家盛衰、民族兴亡紧密联系在一起。尊重其他民族尤其是少数民族的风俗习惯。尽自己所能,支援民族自治地区的经济发展和改善人民生活。要敢于同各种破坏民族团结的言行作斗争。

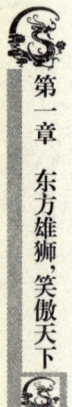

3. 中华文化 走向世界

【梦境回放】

文化是民族的血脉,是人民的精神家园。在人类文明发展的历史长河中,器物可以照搬、技术可以模仿、管理可以参照;而文化这一熔铸于民族灵魂的精神血脉却具有极强的自主性,它深深镌刻着一个民族的鲜明特征,代表着一个国家的未来方向。

随着经济全球化、世界多极化的深入发展,各种思想文化交锋更加频繁,文化越来越成为民族凝聚力和创造力的重要源泉,越来越成为综合国力竞争的重要因素。一个国家硬实力不行可能一打就败,但如果文化软实力搞不好,可能不打就自败。

中华文化曾有过辉煌的历史,古代中华文化曾源源不断地向外辐射和传播。但是,当近代西方国家冲破封建制度的罗网,取得日新月异的进步时,中华文化却衰微了。

历史进入了二十一世纪。今天,成为世界第二大经济体的中国,在国家战略层面提出"中华文化走向世界"。这种文化自信的背后寄托了几代国人的梦想,再创中华文化辉煌、推动中华文化走向世界的重任,就义不容辞地落在当代中国人的肩上。

【说梦解梦】

中国共产党的十七届六中全会通过的《中共中央关于深化文化体制改革、推动社会主义文化大发展大繁荣若干重大问题的决定》,突出强调了推动中华文化走向世界的重要意义,将推动中华文化走向世界作为进一步深化改革开放、加快构建有利于文化繁荣发展的体制机制的重要举措之一。并指出要"开展多渠道多形式多层次对外文化交流,广泛参与世界文明对话,促进文化相互借鉴,增强中华文化在世界上的感召力和影响力,共同维护文化多样性"。

党的十八大报告明确了建设社会主义文化强国的奋斗目标,强调

"开创中华文化国际影响力不断增强的新局面"。

古语道,国之交在于民相亲,民相亲在于心相通。对外文化交流是沟通不同国家人民心灵的最佳途径。中华文化,走向世界,具有重大意义。

中华文化,走向世界具有重要的文化价值。所谓文化价值,就是要让世界认识中国。中华文化之所以绵延五千年长盛不衰、亘古弥新,其内涵在于兼容并蓄和博采众长,其力量在于文化自觉和文化自信。中华文化深深扎根于中华民族传统之中,体现了追求和平、和谐、包容、和而不同、天地合一的人类理想。我们要主动把中华文化输出去,让世界了解中国、赞同中国、支持中国。

中华文化,走向世界具有重要的经济价值。今天,文化产品和服务作为现代产业的组成部分已经成为独立的贸易形态,在国际竞争中早已走向前台。某种产品令人进行文化想象的空间越大,它的"文化附加值"就越高,竞争力也就越强。我国是一个文化遗产大国,但又是一个文化产业发展的小国,更是一个文化输出的小国。例如,多年来在音像、图书等版权贸易中,我们这个文化大国一直没有摆脱"文化赤字"的尴尬境地。

中华文化,走向世界还具有重要的战略价值。毋庸讳言,冷战结束以来,文化领域已成为政治斗争和意识形态较量的主战场。所谓"润物细无声",就是要通过味觉、听觉、视觉等改变文化认同。从国家高度讲,我国的文化战略是为了向世界解释中国发展的意图,树立另一个主流文化,参与塑造一个更为公平、和谐的东西方文化秩序。

根据中俄两国政府的决定,2012至2013年,中俄两国互办"旅游年",其中2012年为中国的"俄罗斯旅游年",2013年为俄罗斯的"中国旅游年"。在2013年的俄罗斯"中国旅游年"期间,由中国国际广播电台将推出《你好,俄罗斯》的姊妹品牌——《你好,中国》将集中在2013年夏季100天的时间里,在俄罗斯的国家级主流媒体上,集中推介100个中国著名的旅游景点或旅游城市,从而吸引更多的俄罗斯民众来华旅游。

投资数百万美元、演职员达千人的"中国文化节"在美国登场。每年春节期间,在美国各主要城市举办的"欢乐春节"活动,受到美国民众的欢迎。纽约帝国大厦连续几年举办"春节橱窗展";旧金山的"春节大巡游"和洛杉矶亨廷顿图书馆"春节庙会"深受当地民众喜爱;2012年1月,纽约爱乐乐团在林肯中心首次举办了由中国钢琴家郎朗、指挥家余隆参加的春节音乐会,获得极大成功……形形色色的中国文化活动成为美国人民了解、接触中国的极佳窗口。在以"中国——一个国家的艺术"为主题的中国文化系列活动中,来自中央芭蕾舞团、国家话剧院等的12个高水平艺术团组为美国观众奉献了17场精彩演出。"山水意园——中国当代公共艺术展"和"瓷都——景德镇当代瓷画展"两个展览在华盛顿展出。中国文化部部长发表题为"中国文化与中国和平发展"的演讲,提出了以文化引导未来、用对话促进理解、将文化竞争导向和平、共同维护文化多样性、形成可持续发展的文明理念等,以文化促进中美关系发展的新主张。

以"古老的中国"、"多彩的中国"、"现代的中国"为主题,盛大的"中国文化年"在法国各地举行;"中印友好年"、"中国意大利年"、"感知中国韩国行"等活动相继开展……这些活动运用创新的商业方式铸造出中华文化品牌,展示了中华文化的方方面面,使越来越多的外国人民更好地了解、感知中国。

【时代人物】

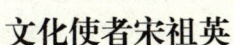

"妹娃要过河,哪个来推我嘛?"美国当地时间 2006 年 10 月 13 日晚,在美国最高艺术殿堂——肯尼迪表演艺术中心,当一身苗族打扮的中国歌唱家宋祖英用英语说出中国民歌《龙船调》的经典对白时,观众席上数百个美国男子不约而同用英文高呼:"我来帮助你!"而当她用纯正的美国口语无伴奏清唱起所有美国人耳熟能详的《美丽的美国》时,现场所有美国观众都被感动了。

宋祖英的这次美国肯尼迪艺术中心独唱音乐会演唱的歌曲,几乎囊括了中国传统音乐的精华和现代声乐创作主流作品。其中除保留了宋祖英经常演唱的经典曲目外又新增加了近三分之二的、以表达强有力的时代特征的新作品。其中许多作品,无论是文化内涵还是音乐技术的运用,还是全部"交响化"、国际化,都是名副其实的,有着鲜明时代特征的中国民族艺术歌曲,是当代中国人民大众生活的最真实的写照。

中国元素征服了美国最高艺术殿堂的肯尼迪表演艺术中心,打破向来不许"装台"的惯例,艺术中心破例为宋祖英的演唱会挂起了浓郁东方文化的六盏大宫灯、茉莉花、"song"的LOGO。从悉尼歌剧院到维也纳金色大厅再到肯尼迪艺术中心,宋祖英用自己的声音征服了挑剔的外国观众,曾有观众表示:"你们那个 NO.1 太厉害了,她天生就是来唱歌的——她的姓氏是宋,而 song 在英语里正好是唱歌的意思,只能这么解释,她天生就是适合唱歌的。"

中国著名民族歌唱家宋祖英维也纳金色大厅个人独唱音乐会,在奥地利也引起了强烈反响,同时也吸引了众多媒体的关注。观众们对宋祖英的表现赞不绝口,称此次演唱会是给人以美好享受的、圆满成功的演唱会。在那高贵华美的音乐圣殿里,这位如茉莉般芬芳美丽的女子用她美妙的歌声演绎着东方艺术,传播着中华文化,表达着中奥两国人民爱好和平的共同心声……她,是文化使者;她,是和平之星!作为第一位登上悉尼歌剧院舞台的亚洲艺术家,宋祖英不仅登上了她个人艺术生涯的一个顶峰,还让东方的民族声乐艺术在西方的音乐圣殿大放异彩。

孔子学院

孔子学院,即孔子学堂(Confucius Institute),它并非一般意义上的大学,而是推广汉语和传播中国文化与国学的教育和文化交流机构,是一个非盈利性的社会公益机构,一般都是下设在国外的大学和研究院之类的教育机构里。孔子学院最重要的一项工作就是给世界各地的汉语学习者提供规范、权威的现代汉语教材;提供最正规、最主要的汉语教学渠道。孔子学院总部(Confucius Institute Headquarters)设在北京,2007年4月9日挂牌。境外的孔子学院都是其分支机构,主要采用中外合作的形式开办。

左边的孔子塑像坐落在德国柏林得月园。基座上写有孔子的名言:己所不欲,勿施于人。

孔子是中国传统文化的代表人物,选择孔子作为汉语教学品牌是中国传统文化复兴的标志。为推广汉语文化,中国政府在1987年成立了"国家对外汉语教学领导小组",简称为"汉办",孔子学院就是由"汉办"承办的。它秉承孔子"和为贵"、"和而不同"的理念,推动中国文化与世界各国文化的交流与融合,以建设一个持久和平、共同繁荣的和谐世界为宗旨。不列颠哥伦比亚大学中文教授、加拿大中文协会会长陈山木先生是本计划的最早倡议者。中国国家领导人非常重视孔子学院的建设发展,许多孔子学院的授牌挂牌仪式都有国家相关领导人参加,2009年时任国家副主席的习近平亲自参与挂牌仪式的就有3个。

未来中国向世界出口的最有影响力的产品不是衣服、鞋子、彩电、汽车等有形物,而是无形的中国文化及国学。自2004年11月全球首家孔子学院在韩国成立以来,已有300多家孔子学院遍布全球近百个国家和地区(美国及欧洲最多),成为推广汉语教学、传播中国文化及国学的全球品牌和平台。

【中国梦,我的梦】

美国《新闻周刊》曾根据美国、加拿大、英国等国家网民投票,评选出进入21世纪以来世界最具影响力的十二大文化国家,名列第一的是美国文化,名列第二的是中国文化,然后分别是英国、法国、日本、意大利、德国、俄罗斯、西班牙、印度、希腊、韩国等国文化。

文化凝聚着一个民族的精神和智慧,任何民族的优秀传统和创新成果只有通过文化交流,才能让世界人民更多地知晓与分享,从而体现出贡献给世界文明多样性的特有价值。而在中外文化交流的过程中,由于文化背景、文化心理差异等原因,我们交流的方式方法还有待改进和提高。如何在遵从文化交流规律的基础上,丰富充实对外文化交流的内容和形式,创新拓宽文化"走出去"的方法和渠道,在不同文化平等对话的前提下,让世界更加深入、全面地感知中国,进一步增强中华文化在国际传播中的亲和力、吸引力、认知力和影响力,需要我们认真研究,需要每一个青年学子身体力行、亲自参与。

第二章
未来，属于中华民族

1. 祖国统一　两岸共赢

【梦境回放】

台湾自古即属于中国。台湾在第二次世界大战之后，不仅在法律上而且在事实上已归还中国。1949年10月1日成立了中华人民共和国，中华人民共和国政府成为中国的唯一合法政府。国民党集团的一部分军政人员退据台湾。他们在当时美国政府的支持下，造成了台湾海峡两岸隔绝的状态。

解决台湾问题，实现国家统一，是全体中国人民一项庄严而神圣的使命。中华人民共和国成立后，中国政府为之进行了长期不懈的努力。中国政府解决台湾问题的基本方针是"和平统一、一国两制"。

实现祖国完全统一是中国人民的共同心愿，维护祖国统一是中华民族的爱国主义传统，实现祖国完全统一是中华民族的神圣历史使命。在"和平统一、一国两制"下海峡两岸共同发展，两岸最好的方式就是"和平统一共繁荣，一国两制相尊重"，共同推进两岸的发展，使中华民族木秀于世界之林。两岸的统一不仅功在当代，而且惠泽子孙。

【说梦解梦】

自20世纪70年代末开始，国际国内形势发生了一些重要变化：中美建立外交关系，实现了关系正常化；中国共产党召开十一届三中全会,决定把党和国家的工作中心转移到现代化经济建设上来。与此同时,海峡两岸的中国人、港澳同胞以及海外侨胞、华人,都殷切期望两岸携手合作,共同振兴中华。在这样的历史条件下,中国政府出于对整个国家民族利益与前途的考虑,本着尊重历史、尊重现实、实事求是、照顾各方利益的原则,提出了"和平统一、一国两制"的方针。

两岸高层互动频繁,政治互信不断增强。2005年以来,国、共高层每年都安排专门会面或利用出席一些会议场合进行会谈。2012年,除了时任中共中央总书记胡锦涛在北京会见中国国民党荣誉主席吴伯雄及三位副主席率领的国民党访问团外,胡锦涛、贾庆林、李克强等中共领导人与连战、吴伯雄、吴敦义等国民党高层利用出席APEC会议、两岸经贸文化论坛、博鳌亚洲论坛、紫金山峰会等机会,进行了广泛而深入的交谈。吴伯雄来访时表示,两岸同属一中,自己是台湾人,也是中国人。这是国民党高层首次明确指出"两岸同属一中",也是首次在与中共领导人对话时作此表示,意义重大。

中共十八大的召开以及中共领导人的换届,也给两岸高层互动提供了一个良机。习近平、马英九等双方领导人在致电和复电中,都强调要不断增强两岸互信、持续推动两岸关系和平发展。此外,2012年11月以来,两岸举办各种研讨会、座谈会,纪念"九二共识"达成20周年,两岸高层再次通过相关发言进行隔空对话,共同肯定"九二共识"不仅是历史事实,也是两岸和平的基础,是两岸交流发展的关键。一年来,两岸高层的频繁互动增进了双方相互了解,而在一些原则问题上的意见交换则进一步增强了双方政治互信,这对确保两岸继续走和平发展道路至关重要。

两岸现在的统一问题归根结底是两种意识形态对立造成的。这是历史遗留问题给当代中国人造成的困境。经过长时间的战乱和分离,两岸百姓都想追求平稳的生活、幸福的生活,兄弟间不再有鸿沟,亲人间的往来不再有阻碍,更想两岸不再有战争,都希望祖国的统一和强大,这才是今天中国的历史潮流。如何解决两岸存在的意识形态的迥异,和民族的统一,人民的祈盼,成为考验两岸中国人智慧的大问题,任何与这个历史潮流相违背的都是不受欢迎的。而任何一种以偏概全的设想都不能完全解决这些问题,单一的意识形态论必然导致冲突甚或战争,这不符合历史潮流。

只有"和平统一、一国两制"才能从根本上解决问题,既满足两岸人民的稳定、和平要求,又解决了统一问题,是顺应历史潮流的最具有智慧和光辉的统一方式。

近年来,海峡两岸的交往与合作达到 60 年来最好的状态,两岸人民之间空前地友好释疑、抛弃前嫌,台商在大陆的投资越来越多,大陆到台湾的旅游也越来越旺,大大地拉动了两岸的经济发展和各领域的交流与合作,大大地促进了两岸的共同繁荣与发展,大大地触动了两岸同祖同根同宗同源一家亲的血脉亲情,大大地激发了两岸人民同志同向同德同愿一条心的统一期盼。

【时代人物】

高秉涵:执著归乡的台湾老兵

高秉涵,台湾律师,13 岁时已经成为"小学兵",在"南逃"路上几乎丢掉半条命,辗转抵达台湾之后他又成了孤儿,流落于台北街头。他流过浪,做过小贩,几经周折考上了台湾"国防学院"法律系,毕业后成为金门驻军军事法庭的法官。

家是什么？高秉涵说："家就是这个曾经再怎么努力都回不来的地方，但我从没有放弃过努力！"60多年生活在台湾，镌刻在高秉涵脑海中的却是另一个地名：山东菏泽。他出生在菏泽，在那儿度过了童年时光，菏泽才是他的家乡。高秉涵想家，但也深知，对他这样一个大半生住在海岛上的"外省人"来说，通往家乡的路意味着什么。

高秉涵

他审的第一个案子是金门逃兵案。一个士兵在值岗时冒险抱一只轮胎穿越金门海峡想游回厦门的家，但是没能成功，被判处死刑。一个想要回家孝敬母亲的人怎么会有死罪？为什么一段浅浅的海峡会让骨肉同胞分为两个世界？身为法官的高秉涵无能为力，但他的内心受到极大的触动。

高秉涵曾想过各种办法联系母亲。1979年，大陆与台湾尚无法通信，他委托美国的同学帮忙寄出第一封家书。他也不知道自己的村子是否仍在，就写了"山东菏泽市西北35里地处 高庄"，收信人是母亲"宋书玉"。不长的信中，他写道："我之所以要艰苦奋斗地活下去，就是为有朝一日能再见到我娘一面，绝不会像两个姐姐一样，在抗日战争爆发时，就生死不明……娘，我会活着回来！"高秉涵不知道，在海峡这头，杳无音信的两个姐姐实际上去了延安，当上了共产党干部，在他踏上逃难路那年才第一次回家。年迈的母亲找回了女儿们，却失去了儿子的音讯。等待终于耗尽了她的全部生命，就在这封信辗转寄达的一年前，宋书玉逝世于吉林辽源。

如今，两岸已经开通直航，回家不再如先前那般艰辛。200多个从菏泽一路历经战火和逃难来到台湾的同乡，组成了"菏泽旅台同乡会"，高秉涵来台时年龄最小，在同乡会里最年轻，被推选为会长。他视每一个同乡为亲人，虽已无法再见母亲，他却尽力帮每一个同乡与亲人团

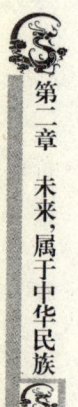

聚。74岁高龄的他,仍坚持每年清明或中秋陪伴想要回家的同乡一起返乡。

"我答应过他们,只要还有一个人要回家,我就陪着他们一起回来。"对每一个希望魂归故里的乡亲,他都会亲手带上骨灰罐,站到菏泽老家的村头,完成骨灰主人的遗愿。20多年间,他先后抱回了54个老兵的骨灰罐,帮助他们完成遗愿,回归故乡的怀抱。

【中国梦,我的梦】

早日完成祖国统一,是中国各族人民的共同心愿。无限期地拖延统一,是所有爱国同胞不愿意看到的。中华民族伟大的革命先行者孙中山先生曾经说过:"统一是中国全体国民的希望。能够统一,全国人民便享福;不能统一便要受害。"我们呼吁所有中国人团结起来,高举爱国主义的伟大旗帜,坚持统一,反对分裂,全力推动两岸关系的发展,促进祖国统一大业的完成。我们坚信中华民族现代发展进程中这光辉灿烂的一天,一定会到来。

[统一祖国是我们共同的期盼]
[缺少任何一点都不是完整的中国]

中国的统一是中华民族的根本利益所在。中国实现统一后,两岸可携手合作,互补互助,发展经济,共同振兴中华。原来一直困扰台湾的各种问题,都将在"一个中国"的架构下得到合理解决。台湾同胞将与祖国其他地区人民一道共享一个伟大国家的尊严和荣誉。

长期以来,台湾问题一直是亚洲与太平洋地区一个不稳定的因素。中国的统一,不仅有利于中国本身的稳定和发展,也有利于中国同各国进一步加强友好合作关系,有利于亚太地区乃至全世界的和平与发展。

中国政府相信,在维护自己国家主权与领土完整的正义事业中,一定能够得到世界各国政府和人民的理解和支持。

在推进民族复兴的历史进程中开辟两岸关系的发展前途,实现两岸统一是中华民族走向伟大复兴的历史必然。两岸关系和平发展应当成为民族复兴的重要组成部分,同心实现民族复兴应当成为两岸同胞共同奋斗的目标。

路,就在脚下,虽然漫长坎坷,但只要我们一步步坚实地走下去,那么,祖国统一、中华民族举杯庆团圆的日子就一定会到来。

海峡两岸同祖同根同宗同源一家亲,携手共建幸福安康和谐美好的家园;全球华人同志同向同德同愿一条心,期盼海峡两岸人民团圆欢聚那一天。

2. 昂首挺胸，与世界共舞

【梦境回放】

中华民族是个有着5 000年文明历史的伟大民族，早自秦汉就进入盛世。古代中国曾以世界上头号富强大国"独领风骚"达1 500年之久。然而，随着资本主义生产方式的兴起，随着近代工业革命脚步的加快，中国很快落伍了。但故步自封的封建统治者并未意识到这一点，仍然沉浸在往日的辉煌所造就的梦想之中。直到1840年，中英爆发第一次鸦片战争，不但打开了中国的国门，也打碎了"天朝之梦"。从此，中国政府在西方列强的枪炮胁迫下，先后签订了700多个不平等条约，割地赔款，受尽耻辱，逐步沦为半殖民地半封建社会，中华民族开始面临亡国灭种的危险。

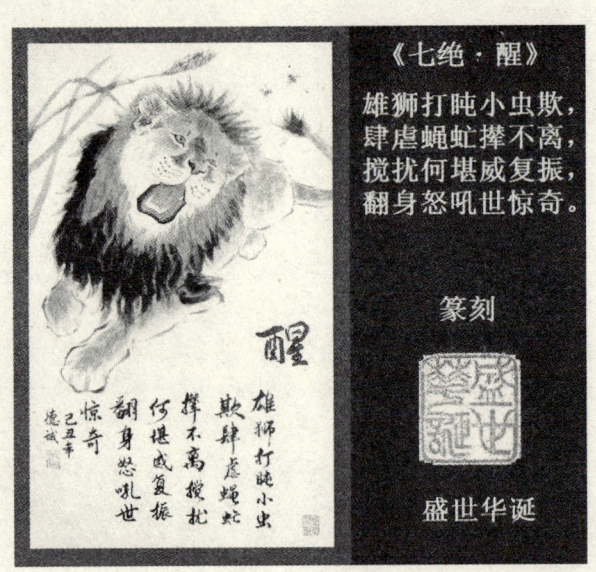

在这样的历史背景下，中国的一些有识之士开始睁开双眼看世界，反思自己的落后和积弊，提出了向西方学习工业化知识的救亡主张。

忧愤国事、感伤时弊的志士仁人,不断发出振兴中华、傲立世界的振聋发聩的呐喊。

我们要强大,这是赢得尊重的砝码。没有一个强大的中国,就永远没有炎黄子孙的世界地位!只有变强大了,别人才能看得起你,这是亘古不变的道理!

如今,社会主义中国是大国,也将很快成为强国,我们一定会赢得世界的尊重!

【说梦解梦】

新中国成立以来,特别是改革开放 30 年来,中国发生了翻天覆地的变化,取得了惊人的成绩。经济总量在 2008 年就达到 4.4 万亿美元,提前 12 年实现"到 2020 年经济总量比 2000 年翻两番"的目标。中国的军事、科技、软实力也持续上升。军事上,20 多年来中国的军费每年以两位数的速度增长,这么大的投入,使中国的海军、空军等实力比 20 世纪 90 年代有显著的提升,军事活动范围扩大。科技上,航天活动取得突破性的进展,令全世界华人骄傲,令整个世界刮目相看。在软实力方面,中国发展模式得到越来越多的认可,成为不少国家试图仿效的样板。

受金融危机影响,西方国家深陷衰退,以中国为代表的新兴国家开始发出自己的声音,从金砖四国的迅速崛起,到发展中国家有一席之地的二十国集团峰会,一个明显的趋势是:作为金砖四国中最大的经济体,中国正从世界舞台不太中心甚至一度边缘的位置向中心位置靠近。作为世界第一大外汇储备国、第二大进出口国、第三大经济体,同时也是对世界经济增长贡献率最高的国家,中国在国际金融体系改革及国际秩序变革中的作用和影响备受瞩目。美欧等西方国家主动深化与中国的合作,新兴大国希望加强与中国的协调,发展中国家希望中国维护其利益,各国对中国的借重明显增强。中国在国际金融体系改革中的话语权提高,在联合国改革、气候变化谈判、粮食和能源问题等其他重要国际议题方面,中国的主张和建议也越来越受到重视。

英国前外交大臣米利班德公开称:"历史学家将会审视 2009 年发

生的一切,看到中国在稳定全球资本市场中所发挥的重要作用。"人们相信,中国将成为国际舞台上更为引人瞩目的力量。

我们要尽一切努力,抓住机遇,迎接挑战!要努力"使我国在政治上更有影响力,经济上更有竞争力,形象上更有亲和力,道义上更有感召力"。在更大的国际舞台上,发挥更为积极的、建设性的作用,迎着中华民族伟大复兴的曙光,在中国特色社会主义道路上谱写中华民族自强不息、顽强奋进的崭新篇章。

【时代先锋】

立志成为全球领先终端品牌

对于普通消费者,华为终端代表低价智能手机;对于业内人士,华为终端的符号是董事长余承东。Ascend 系列的发布让全世界认识到了中国企业的研发能力,无论华为手机在渠道价格上表现是否尽如人意,至少余承东带领华为向世界证实,在手机,特别是智能手机的研发上,中国已经不落后于全球任何一个国家。

余承东——华为终端有限公司董事长

作为华为手机的掌门人,余承东很清楚这家公司欠缺什么。华为终端公司大厅的墙面上,公开书写着华为终端目前的短板:"我们欠缺的不仅是技术,也不仅是产品性价比,更欠缺的是与消费者沟通的经验、营销品牌及关注最终消费者体验的精神。"当然,还有华为终端的目标:"我们立志成为全球领先终端品牌,我们要成为华为集团最有价值的BG(业务集团)。"

余承东

苹果的产品启发了余承东的思路,他对华为手机的想法鲜明起来:消费者要的就是最好的、性价比最高的产品,这是手机市场制胜的根本。2012年2月26日,余承东高调发布了"全球最快"的华为Ascend D Quad智能手机,采用华为自家的海思K3V2四核处理器,拥有16芯GPU,运行速度是普通双核智能机的两倍。放眼全球,能用自家芯片制造手机的厂商也只有三星和华为两家。

余承东说:"我们只能做世界第一的产品,因为世界第二的产品就没有人能记住。"与此同时,余承东深知,作为一款面向消费市场的产品,外观设计的重要性并不亚于芯片。他曾公开宣称,在硬件能力提升后,华为产品将重点集中于用户体验上。

高端智能手机市场一向为苹果、三星等国际品牌主导,中国本土公司限于自身实力鲜有问津。华为曾是以代工为主的低端手机制造商,但随着旗下多款旗舰智能手机的面世,华为终于找到了在手机产业链上的核心竞争力。事实上,余承东正是华为终端业务最强力的推动者,"我们的品牌不是最强的,但希望我们的产品是最强的。"

余承东的国际视野同样使他认识到,手机业已经进入白热化竞争,这个行业正在全面收缩,预计未来三年内能存活下来的手机终端公司不会超过四家。在余承东看来,华为只有挤进全球前四才能生存下来。他坦白表示,华为手机的利润还很低——"一位数"。

余承东说,过去,最好的手机来自于苹果和三星,未来,最好的手机将来自于华为。没有人能确保余承东是否能率领华为终端在惨烈的市场竞争中存活下来并成为赢家,但一切皆有可能。

【中国梦,我的梦】

"怅寥廓,问苍茫大地,谁主沉浮?"说起中国梦,这是十分宏大的历史大叙事,而对每一个中国人来说,中国梦也就是大家的美好梦想都可以成真。"中国梦是民族的梦,也是每个中国人的梦。只要我们紧密团结,万众一心,为实现共同梦想而奋斗,实现梦想的力量就无比强大,我们每个人为实现自己梦想的努力就拥有广阔的空间。生活在我们伟大祖国和伟大时代的中国人民,共同享有人生出彩的机会,共同享有梦想成真的机会,共同享有同祖国和时代一起成长与进步的机会。"

这是一个充满生机、富有活力的时代,一个布满荆棘、艰难险阻的年代,一个开拓未来、创造历史的时代。目睹我们国家沧海桑田的巨变,亲历中华民族迈向复兴的航程,时代给予我们光荣与梦想,更赋予我们责任与使命。我们有骨气与志气,也更有智慧与毅力,创造一种超越西方资本主义的科技文化、经济社会和民主政治的,推行全盘东化战略的新文明。

我们以前的不少梦想都实现了,现在还有不少梦想在等待实现。我们将会通过自己的努力,书写出自己出彩的人生,与我们伟大的祖国同步,与伟大的时代同步,实现自己美好的梦想。只要我们每一个人都努力了,奋斗了,都实现了美好的梦想,我们伟大的"中国梦"就一定会实现!

图书在版编目(CIP)数据

托起我的中国梦：中学版 /《托起我的中国梦》编写组编. ― 南京：南京大学出版社，2014.2
ISBN 978-7-305-12082-4

Ⅰ.①托… Ⅱ.①托… Ⅲ.①爱国主义教育－中国－青年读物 ②爱国主义教育－中国－少年读物 Ⅳ.①D647-49

中国版本图书馆 CIP 数据核字(2013)第 193410 号

出版发行	南京大学出版社
社　　址	南京市汉口路 22 号　　邮编　210093
出 版 人	金鑫荣

书　　名 托起我的中国梦（红星闪闪照我心）·中学版
编　写 《托起我的中国梦》编写组
责任编辑　张　瑛　金春红　　　　编辑热线　025-83686596
照　　排　南京理工大学资产经营有限公司
印　　刷　扬州市江扬印务有限公司
开　　本　880×1230　1/32　印张 6　字数 180 千
版　　次　2017 年 4 月第 2 版第 1 次印刷
ISBN　978-7-305-12082-4
定　　价　18.00 元

网　　址：http://www.njupco.com
官方微博：http://weibo.com/njupco
官方微信号：njupress
销售咨询热线：(025)83594756

* 版权所有，侵权必究
* 凡购买南大版图书，如有印装质量问题，请与所购图书销售部门联系调换